# 股权激励实操手册

曾弘毅——著

天津出版传媒集团
天津人民出版社

**图书在版编目（CIP）数据**

股权激励实操手册 / 曾弘毅著 . -- 天津：天津人民出版社，2020.4
ISBN 978-7-201-15857-0

Ⅰ. ①股… Ⅱ. ①曾… Ⅲ. ①股权激励—手册 Ⅳ. ①F272.923-62

中国版本图书馆CIP数据核字（2020）第043487号

**股权激励实操手册**
GUQUAN JILI SHICAO SHOUCE

出　　版　天津人民出版社
出 版 人　刘　庆
地　　址　天津市和平区西康路35号康岳大厦
邮政编码　300051
邮购电话　（022）23332469
网　　址　http://www.tjrmcbs.com
电子邮箱　reader@tjrmcbs.com

责任编辑　王昊静
装帧设计　尧丽设计

印　　刷　唐山富达印务有限公司
经　　销　新华书店
开　　本　880毫米×1230毫米　1/32
印　　张　7
字　　数　155千字
版次印次　2020年4月第1版　2020年4月第1次印刷
定　　价　45.00元

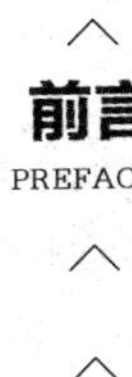

# 前言

PREFACE

## 比现金更迷人的激励工具

假如你是公司创始人，是愿意给员工支付更多现金奖励，还是倾向于用股权的方式来激励他们呢？

假如你是公司高级管理人员、技术骨干、业务尖兵，是希望公司直接提高你的现金收入，还是给予限制条件较多但收益更大的公司股票呢？

先别急着做出自己的选择。无论你是老板还是员工，请暂时忘掉自己目前的身份。我们先来聊聊心里话。

如何提高员工的工作积极性，是职场中的一个永恒话题。

如何让重要人才甘愿留下来，长期为公司效力，是企业人才战略的一个重要课题。

如何让老板放权给职业经理人，而又不会被对方架空，是公司运营的一大难题。

三个问题看似孤立，实则密切相连。

员工只有得到充分的金钱及精神激励，才能保持高涨的工作积极性。重要人才只有从公司那里得到满意的薪资待遇和发展前途，才不会被竞争对手挖墙脚。老板只有在确信职业经理人能给自己和公司带来更多效益时，才愿意下放经营管理权力。而职业经理人在制度健全的现代企业中，很难架空老板。

由此可见，解决之道在于“激励”二字。如果员工得不到更多的激励机制，就不会在公司长久工作下去，也没人会去认真贯彻老板心中的宏伟蓝图。然后，老板光是给优秀员工多发现金奖励，也只是治标不治本。能一举解决上述三个问题的办法正是股权激励。

股权激励如果操作得当，不仅能给激励对象带来现金收益，还能拥有部分企业所有权、重大事项表决权等实权。也就是说，你不再只是公司的“打工仔”，而是公司的主人翁之一。

所以，只要公司发展稳定且制度比较健全，骨干员工都喜欢获得股权激励。只有在公司经营不善时，股权才会沦为鸡肋。

对于老板而言，股权激励把公司希望留住的重要人才变成了“自己人”，大大增强了公司的内部凝聚力。而且，激励对象要达到公司要求的条件才能拿到股权收益，这又加强了公司对职业经理人的约束力，使其倾向于努力完成业绩目标，实现自己与公司、老板共赢的局面。

世界500强企业大都有相对成熟的股权激励计划，这也是其持续发展壮大的重要因素。股权激励在我国的应用仅有三十多年，发展潜力很大。但不少企业在实践股权激励的过程中出现了各种各样的弊端。这主要是对股权激励制度的认识不够全面所致。

通过本书，企业创始人、高级管理人员、骨干员工以及普通员工将对股权激励制度有更充分的了解，这有助于他们更好地利用这种长期激励工具来实现合作共赢的局面。

# 目录

CONTENTS

## 第一章 初步了解股权激励


员工像老板一样工作的“金手铐” / 002

股权激励的本质及关键要素 / 006

国内外股权激励的发展状况 / 011

股权激励的基本理论 / 014

推行员工持股与股权激励的意义 / 018

股权激励的法律基础 / 023

## 第二章 股权激励计划的实施基础


实行股权激励前需要考虑哪些问题 / 028

需求诊断：你的公司需要股权激励计划吗 / 034

尽职调查：设计股权激励方案的依据 / 037

与股权激励配套的公司治理制度 / 041

如何组建股权激励管理团队 / 047

第三章 8种股权激励工具

股票期权：为股东创造长期价值 / 056

期股计划：只需支付部分首付的激励工具 / 063

限制性股票：具有禁售期和解锁期的股票 / 066

虚拟股票：所有权和收益权分离 / 069

股票增值权：无须实际购股，通过股票增值获利 / 073

业绩股票：业绩指标决定收益水平 / 077

干股：只能分红，不可转让 / 081

员工持股计划：最令普通员工期待的福利 / 085

第四章 掌握股权激励的关键要素

挑对象：找准公司应当激励的人 / 092

选模式：选择合理的股权激励办法 / 098

立制度：股权激励需要有效管控 / 104

明来源：掌控股票和购股资金的来源 / 110

定数量：激励额度并非越大越好 / 117

定价格：明确公司股票的行权价格 / 123
约时间：股权授予也要看准时机 / 128
谈条件：规范股权的授予条件和行权条件 / 133
订合同：让公司和被激励者都感到安心 / 139

## 第五章 规范股权激励计划的考核制度

常用的公司业绩考核指标 / 146
基于关键绩效指标的KPI业绩评价法 / 150
基于平衡计分卡的业绩评价法 / 155
360度全方位评价法 / 159

## 第六章 上市公司、非上市公司和新三板公司的股权激励

上市公司股权激励的现状及难点 / 166
非上市公司股权激励的基本思路 / 171
新三板公司股权激励的设计要点 / 176
股权激励计划文件起草、审核及披露 / 180
因地制宜的股权激励策略 / 187

## 跳出股权激励的各种陷阱


股权激励的七个风险 / 192

股权激励的九个误区 / 196

不可失去对公司的控制权 / 202

平衡各级股东之间的利益 / 206

关于职业经理人的风险管控 / 210

214

# 第一章

## 初步了解股权激励

许多失败的公司不乏详细的规章制度。但奇怪的是，管理者对员工管得越多，公司运营越混乱。造成这种现象的主要原因是员工缺乏奋斗的动力。他们认为自己只是在替别人工作，对规章制度进行消极抵抗。单纯的道德说教与严厉的处罚都无法解决员工的动力问题。想让员工像老板一样替公司的未来殚精竭虑，唯有让他们得到实实在在的激励。其中最有效的手段就是股权激励。

## 员工像老板一样工作的“金手铐”

股权激励指的是让员工获得公司股份，使其成为公司的小股东。员工就不会再把自己当成“打工仔”，而是以主人翁意识推动公司的发展，让手中持有的股份不断升值。股权激励把管理者的“让员工干”变成“员工自己要干”，员工的工作动力和归属感的问题也将迎刃而解。阿里巴巴集团的一个重要成功经验，就是通过股权激励来凝聚核心团队成员。一个很好的例子就是蔡崇信主动舍弃高薪加入阿里巴巴。

随着2014年阿里巴巴在纽交所的上市，阿里巴巴集团董事局执行副主席蔡崇信在2015年福布斯华人富豪排行榜中，以59亿美元（折合376亿人民币）的身价名列第38位。但令人吃惊的是，作为外资投行高级管理人员的蔡崇信，在当年决定加入阿里巴巴时，竟然放弃了70万美元的年薪，只拿500元的月薪，这让家人十分不解。

但蔡崇信却义无反顾地加入了马云的团队，除了欣赏马云的个性外，真正打动蔡崇信的是，马云还有始终追随并与他患难与共的员工。因为蔡崇信相信，马云能把这一群人聚集在一起，肯定也有能力做成一番事业。随后，蔡崇信帮助马云组建公司。

于是，他问马云，哪些人将成为股东，马云很快就给了他名单，屋里的所有人都是股东。马云把公司的很大一部分股权都给了这个创业团队，而给他的最多，这让蔡崇信非常惊讶。因为按照惯例，创始人会占有更多的股份，并对公司拥有绝对的掌控权。但马云不是，这让蔡崇信感觉，自己既跟对了人，又没有白白为其付出。

随后，熟知财务、法律并作为外资投行高级管理人员的蔡崇信，亲自为阿里巴巴操盘了3次极为重要的引资。

2000年，蔡崇信、马云二人前往日本软银，接受了孙正义的2000万美元投资，由此阿里巴巴躲过了因互联网破灭而带来的最寒冷的冬天。

2004年和2005年，蔡崇信再助马云筹资8200万美元，并与雅虎中国合并，使得阿里巴巴能够拥有充足的资源来建构淘宝网，并在随后坐稳了中国第一大电子商务的宝座。

2014年，蔡崇信引领阿里巴巴在纽交所上市，并创造了史上最大的IPO，蔡崇信虽然只持有9%的股份，但价值却高达45亿美元。

由这个案例可知，股权激励不但可以吸引像蔡崇信这样的顶尖人才，还能留住与马云一起白手起家的团队元老。马云刚创业时根本无法支付高薪，唯有以股权激励回报同伴们。这是一种把希望寄托于未来的激励方式，有不确定的风险，但能让员工们感受到管理者同甘共苦的决心。如今，虽然阿里巴巴已经把股权激励确立为公司的基本方针，在公司工作满五年的员工（俗称“五年陈”）普遍持有阿里巴巴的股票。

所以说，实行股权激励是一个上佳的选择，它主要有以下几个好处。

**（1）端正员工心态，提高团队的凝聚力与战斗力**

公司一旦实行股权激励，那么从员工到股东，再从代理人到公司的合伙人，全都会出现身份的质变，而这种质变一定会改变员工的工作心态。他们感觉，之前只是在为老板或股东打工，但如今自己也变成了股东。即身份的转变就会带来工作心态的改变，使得员工比以前更加关心公司的经营、发展状况，也会竭尽全力来抵制所有损害公司利益的不良行为。

**（2）规避短期行为，维持公司发展的长期战略**

很多人才的流失是由于“缺乏安全感”，使得一些员工，尤其是对公司非常重要的员工，为了短期利益而频繁跳槽，这就会严重危害公司发展的长期利益。如果公司与员工签署股权激励，把双方的利益捆绑在一起，就能够保持公司长期发展战略的连贯性。当员工离职的时候，股权激励带来的种种福利和权益也将随之消失。这使得他们不得不慎重考虑去留问题。所以业内也把股权激励形象地称为“金手铐”。

**（3）吸引外来优秀人才，为公司输送新鲜血液**

通过股权激励可以不断为公司吸引外来优秀人才。这是因为，对于这些优秀人才来说，他们不但会在意工资的高低，还会在意所拥有的股权或期权的数量及价值，因为这也是一种身份的象征，也是对其内在价值的一种肯定。

**（4）降低成本支出，为公司储备能量**

当金融危机等“寒冬”来临之时，公司对支出现金就会显得十分谨慎，很多公司的现金流也会捉襟见肘。但通过股权激励，即可替代支付一部分的固定薪酬，这可以大大降低公司的经营成本，为公司渡过“寒冬”而储备足够的能量，并实现公司和员工之间的双赢。

总之，股权激励在现代公司管理中是一个重要的激励手段，它能让员工真正树立主人翁意识，像经营自己的家业一样为公司尽心尽力。毫不夸张地说，没有股权激励的公司很难真正做大做强。

# 股权激励的本质及关键要素

股权激励在很多外国公司中非常普遍，甚至有些公司是全员持股。在我国，股权激励还是一种“稀缺品”。但股权激励作为一种长效的激励工具，有着工资与奖金等短期激励所无法比拟的优势。这是股权激励的特点所决定的。

## 1. 股权激励的特点

股权激励主要有以下几个特点：

### （1）股权是增量而不是存量

股权激励的出发点是鼓励员工做“增量”业绩，再通过设置一定的业绩目标，来激励“激励对象”为公司创造更大的价值，最后再从总利润中分给激励对象一部分红利。因此，股权激励应先有贡献，才有激励，即分的是增量而不是存量。

### （2）股权具有一定的约束性

股权激励既有激励性又有约束性。对于激励对象来说，即便通过努力得到了股份，也会有其他限制条件来约束其不良行为。如果激励对象没有很好地约束自己的行为，公司将设法剥夺他的股份。

（3）股权是一种价值回报机制

股权激励把员工的贡献与公司的持续增值联系在一起。员工和老板通过股权组成了一个利益共同体。持股员工得到的回报源于公司市值增长带来的股票升值收益。假如公司市值下降，员工将无法得到相应的回报。

（4）让渡了部分控制权

公司把一部分股份分给员工，员工的身份立刻就转变为股东。这意味着他们能像其他股东一样参与公司的经营管理决策，在共担风险的同时也分享利益。也就是说，持股员工将比普通员工享有更多对公司的控制权，并负有更多的责任。

### 2. 实行股权激励五步法

如何在公司内实施股权激励呢？我们通过一个案例来讲解。

一家高科技公司准备对公司员工实行长期激励的机制，它创建于1999年，注册资金为100万元，在经过10年的发展后，于2009年年底实现税前利润为1000万元，净资产为3000万元。公司为了实现其长期战略规划，充分地激励公司的人才，公司董事会决定采用股权激励五步法（即定股、定人、定价、定量、定时），自2010年开始具体实施股权激励计划。

定股：根据五步法，虽然公司的注册资本只有100万元，但是公司净资产已经达到3000万元，因此在设计股权激励方案时，可确定每股股份的面值为0.1元，那么公司股份的总数就应该为1000万股，每股净资产为3元。

定人：可以对外部资源和本公司的5名核心人员，以及本公司的12名中层管理人员授予股份期权。

定价：被授予的初始股价，可以按照2009年度每股净资产确定。

定量：以总股本的10%，即授予100万股。

定时：初期采取循环激励，即每年授予50万股，行权期为两年。行权的比例为6：4。由于该方案分两年来授予，并进行分步行权，使得被激励人员只有在每年增加股东财富的前提下，才可以同时取得收益。

该公司的"股权激励五步法"环环相扣、循序渐进，让被激励的员工与原先的股东构成了一个利益共同体，最终有效地增强了内部的凝聚力、向心力和战斗力。这个方案最有借鉴意义的是，它集齐了股权激励中所有的关键要素。

### 3. 股权激励的关键要素

为了保证股权激励计划具备可操作性，我们应注意以下几个关键要素。

#### （1）激励对象的范围

确定激励对象的范围应从人力资本的附加值、历史贡献和不可替代性三个方面，来确定公司激励对象的范围。

- 人力资本附加值。对公司未来的可持续发展能产生重大影响的人员，具有较高的人力资本附加值。股权激励的根本就是着眼于公司的未来，激励他们就是开创未来。

- 历史贡献。对公司做出较大历史贡献的员工，有激励的价值。这样才能避免公司内部因不能贯彻“多劳多得”原则而出现争议。

- 不可替代性。如果激励对象掌握了公司的核心商业机密，或者是拥有公司专有技术的特殊人才，就是公司不可替代的人才。他们是公司应当重点激励的对象。

（2）激励的力度

管理者应该结合公司的业绩、员工个人能力及成绩等情况来综合考虑股权激励的力度。为此，公司可以引入股权激励的考核机制，通常分为公司绩效、部门绩效和个人绩效三个层面。高级别员工主要对公司绩效进行考核，低级别员工主要对个人绩效进行考核。

（3）激励方式

对于确定激励的方式，应该结合人力资本附加值、敬业度和员工的出资意愿这几个方面综合考虑。假如使用了员工不接受的激励方式，股权激励方案同样无法达到效果。

（4）激励标的物

调动激励对象工作积极性的关键是选择恰当的激励标的物。为此，管理者应考虑以下几个因素：

- 激励的标的物应与公司的价值增长保持一致。
- 激励标的物的价值评定，必须要明确而且令人信服。
- 激励标的物的数值，必须是员工通过自身的努力即可实现的。
- 公开激励标的物时，不应泄露公司的财务机密，这对非上市公司来说十分重要。

（5）激励周期

管理者应根据公司的战略规划期、员工的心理预期和工作性质等方面来设计激励周期。如果想要产生长期的激励效用，可以分阶段推进股权激励，以确保员工的工作激情可以得到延续。

（6）退出机制

为了避免产生一些不必要的法律纠纷，在实行股权激励方案前必须事先细化和明确有关退出机制。当公司与激励对象之间确定了股权激励方案以后，接下来就要签署股权授予协议。这标志着股权激励的正式实施，也是对双方之间权利与义务的明确界定。

## 国内外股权激励的发展状况

股权激励制度的出现与证券市场的发展有关，同时也是改善劳资关系的工具。为了用好股权激励，我们有必要了解一下其简要发展史。

### 1. 国外股权激励发展脉络

最早的股票期权制度是美国菲泽尔公司于1952年设计的面向全体员工的股票期权计划，该计划的目标是避免管理人员的薪酬被高额所得税征收。第一个员工持股计划出现在1956年，由美国潘尼苏拉报纸公司推行。20世纪60年代以来，欧洲和日本企业也纷纷推出自己的股权激励制度。

20世纪八九十年代，美国股权激励制度进入了大发展阶段。同时期的欧洲和日本在美国的影响下也进入了股权激励制度的高速发展期。

2001年以后，美国商界频频出现与股权激励相关的丑闻，不少公司纷纷停止了股权激励计划。比如，世通公司为了维持高股价而做假账，安然公司也通过做假账牟取巨额的期权收益。美国为此推行了一系列改革，才让股权激励重新走向繁荣。

随着经济全球化的发展，股权激励在全球越来越普及，成为企业留住核心人才、调解贫富差距的重要工具。

### 2. 国内股权激励发展脉络

我国大约在1990年前后开始引进股权激励制度，国家体改委、国家计委、财政部、中国人民银行、国务院生产办公室五部委于1992年5月联合发布了《股份制企业试点办法》。

不过，当时国企推行员工持股计划（当时国内叫“内部职工股”）的目的不是激励，而是为了改变国企股权的单一结构，实现企业产权多元化。在实践过程中，有些地方的国企操作很不规范，还出现了强制员工入股的现象。因此，国务院办公厅于1993年4月转发体改委等部门联合发布的《关于立即制止发行内部职工股不规范做法意见的紧急通知》。

1998年11月，中国证监会发布《关于停止发行公司职工股的通知》。我国股权激励的发展因此进入了长期停滞阶段，但也有个别地区的企业仍在各自探索鼓励激励方案。

2002年9月17日，国务院办公厅转发了财政部、科技部制定的《关于国有高新技术企业开展股权激励试点工作的指导意见》，鼓励我国国有企业摸索股票期权、期股、股票奖励、虚拟股票等激励方式。

2005年10月，新修订的《中华人民共和国公司法》在注册资本制度、回购公司股票、高级管理人员任职期内转让股票等方法做出了新规定，填补了公司实施股权激励的法律空白。这是我国股权激励制度发展史上的重要转机。

2006年1月1日，证监会发布《上市公司股权激励管理办法（试行）》。

2006年9月30日，国资委发布《国有控股上市公司（境内）实施股权激励试行办法》。

2007年1月1日，财政部发布《新企业会计准则（第11号）——股份支付》，对股权激励的会计处理做了专门的规范。

2008年，证监会又出台了《证监会股权激励有关事项备忘录1号、2号、3号》，对《上市公司股权激励管理办法》做了补充规定。同年12月，国务院国资委、财政部联合发布《关于规范国有控股上市公司实施股权激励制度有关问题的通知》，提出要加快完善公司法人治理结构、科学设置业绩指标等明确规定。

2009年2月，证监会会计部下发《上市公司执行企业会计准则监管问题解答》，对股权激励中的会计处理问题做出了说明。同年5月，国家税务总局下发《关于上市公司高级管理人员股票期权所得缴纳个人所得税有关问题的通知》，对股权激励中的个人所得税问题进行了说明。

2012年8月初，证监会公布了《上市公司员工持股计划管理暂行办法》，把股权激励的对象由企业高级管理人员扩大到全体员工。

2016年8月13日，证监会公布了修订后的《上市公司股权激励管理办法》。

总之，随着国家各项法律法规和政策的不断推出，我国上市公司、非上市公司、新三板公司纷纷推出不同的股权激励方案。股权激励制度在我国进入了高速发展阶段。

## 股权激励的基本理论

股权激励不是凭空出现的东西。它是市场经济实践的产物，有着深厚的经济学、管理学理论为依据。为了更好地认识股权激励的全貌，我们接下来要了解一下有关股权激励的基本理论。

### 1. 常见的股权激励理论

下面的几个理论是股权激励理论的有机组成部分。每个理论都从不同的角度推动了股权激励在企业管理实践中的发展。

（1）委托代理理论

现代企业往往采取所有权和经营权分离的运行方式，企业所有者委托职业经理人经营公司，以求实现公司利益最大化。委托代理理论也因此诞生。该理论的核心内容是由于信息不对称的缘故，代理人无法做到以委托人的利益最大化为目标。假如是事前的信息不对称，可以称为逆向选择模型。若是事后的信息不对称，则可以定义为道德风险模型。

当经营者利用信息不对称来以权谋私时，就会对公司利益产生侵蚀，这种侵蚀被业界称为代理成本。企业所有者——股东必须设法降低代理成本。股权激励通过一定的激励约束机制把经营者变为企业所有者之一，有助于实现降低代理成本这个目标。

（2）产权理论

产权理论认为清晰的产权是企业绩效的关键因素（甚至是决定性因素）。企业所有者为了占有更多利润而追求提高企业绩效。私人拥有的企业资产有清晰的产权，可以保证资产带来的收益进入企业所有者囊中。

但非私有企业的产权问题比较复杂，经营者和所有者的目标多元化。当经营者无法通过提高企业绩效来获得更多利润时，不仅不会积极追求公司的长远利益，甚至还会损害企业利益来中饱私囊。在施行股权激励的时候，产权问题不容马虎。公司的产权越模糊，股权激励效果越差，公司秩序就越混乱。

（3）管理激励理论

股权激励是一种激励措施。管理激励理论从人的需求出发，对激励问题进行了深刻的论证。主要的管理激励理论有马斯洛的六层次需求理论、赫兹伯格的双因素理论、麦克利兰的成就需要理论。

马斯洛的六层次需求理论认为人的需求分为六个层次，从低到高分别是生理需求、安全需求、社会需求、被尊重的需求、自我实现的需求和自我超越的需求。

赫兹伯格把人们工作的动机分为激励因素和保健因素两大类。保健因素包括薪酬、地位、工作条件、公司政策、行政管理、后勤保障等，它只能消除员工的不满，不会给员工带来满足感。激励因素包括工作上的成就感、工作的挑战性、社会认可、个人综合素质的成长等。只有激励因素才能让员工感到满意，对工作产生真正的热情。

（4）人力资本理论

人力资本理论认为，人力因素也是社会财富增值的重要一环，应该和物质资本、货币资本并列。人力资本代表的是人的能力素质，包括知识、技能、资历、经验、工作熟练程度、身心健康水平等。它在经济学中也是一种特殊的产权，应该获得因增值而产生的资本收益。

股权激励实质上就是人力资本拥有者根据对公司的贡献水平来获取企业的部分剩余的索取权，也就是利用人力资本价值来实现公司的发展目标。人力资本理论的出现，让企业开始设法对人力资本的价值进行计量，以此为定价依据。

（5）不完全契约理论

不完全契约理论以合约的不完全性为起点，寻找财产权或剩余控制权的最佳配置方式。不完全契约理论认为，人的理性是有限的，获得的信息有不完全性，交易事项也存在不确定性，所以不可能拟定完全契约，不完全契约才是普遍现象。当契约不完全时，所有权的意义至关重要，将剩余控制权交给投资决策相对重要的一方才更有效率。

实施股权激励计划就是一个契约缔结的过程。由于契约的不完全性，股权激励计划可能难以达成，或者产生纠纷。这些都是企业所有者需要考虑的问题。

### 2. 宏观激励逻辑与微观激励逻辑

激励逻辑指的是股权激励促进公司价值和个人价值的提升的原

理。我们可以从宏观和微观两个角度来解释股权激励的激励逻辑。

（1）宏观激励逻辑

股权激励改变了公司的治理结构，降低了代理成本，也让个人获得了股权收益。这使得激励对象在企业经营过程中充分发挥了自己的人力资本价值，运用聪明才智来提高个人绩效，进而带动企业整体绩效的提升。

公司的股权收益也让激励对象自身在职业经理人市场中的流动性溢价有所增加。于是股权激励把股权市场、产品市场、资本市场和职业经理人市场串联成一个相互影响的闭环。

（2）微观激励逻辑

在企业所有权和经营权分离的背景下，企业所有者是委托人，经营者是代理人。股权激励把原先的代理人（激励对象）变为委托人。激励对象为了达到行权条件，会积极减少交易成本、增加营业收入，以此完成绩效考核指标。

当激励对象达到行权条件后，就可以通过行权来实现从代理人到委托人的转变。在产权的约束下，他们会充分行使股东的控制权和投票权，参与公司决策过程，优化公司治理结构，让公司和自己都得到更好的发展。

## 推行员工持股与股权激励的意义

员工持股与股权激励是两个密切相连的概念。员工持股指的是上市公司根据员工意愿，通过合法方式让员工获得并长期持有本公司股票，股权收益按照约定分配给员工的一种制度。非上市公司也可以推行员工持股计划。股权激励则是以本公司股票为标的，对公司董事、监事、高级管理人员及其他员工进行的长期性激励。推行员工持股和股权激励，不仅对员工和企业有影响，对社会经济发展也有重大意义。接下来，我们将逐个进行分析。

### 1. 员工持股对各方面的影响

推行员工持股计划对企业、员工和国家都有不同的影响，具体情况如下：

#### （1）对企业的影响

- 提升公司的业绩

员工持股计划是把员工的未来收益跟公司股票价值直接挂钩。这样一来，员工就从为公司工作转变成为自己工作。企业所有者与劳动者共享利益、共担风险，从而提升了公司的凝聚力和市场竞争力。

● 加强公司与员工的联系

员工在获得股权后成为公司的股东，由单纯的雇员变为“员工+股东”双重身份。持股员工是真正意义上的“公司主人翁”。

● 加强公司内部监督

持股员工也是企业所有者，能以股东身份参与公司的经营决策，并监督公司管理层的日常活动。这样可以加强公司内部监督，改进管理水平。

● 协助公司抵抗恶意兼并

员工持股计划是把公司股份分散在员工手里。成为股东的持股员工对公司的感情往往更深，而且担心自己在公司被兼并后遭到裁员。他们会协助公司创始人一起抵制恶意兼并。

● 促进企业长期发展

员工通常更关心短期财务利益，不太重视企业长期利益。当他们变为公司股东后，跟企业长期利益直接挂钩。为了获得更多的财务利益，持股员工会避免短期行为，注重公司的长远发展。

● 未来可能获得税收优惠

有些发达国家的政府会对推行员工持股计划的企业提供税收优惠，前提是达到相应的条件。我国目前尚无相关政策，但随着市场经济的发展，未来也许会有所借鉴，让企业获得一定的税收优惠。

**（2）对员工的影响**

推行员工持股计划对员工主要有以下影响：

● 提高个人收入水平

员工的收入不再局限于工资、奖金、提成，还有公司股价上涨后获得的分红等资本增值收益。

● 增加对公司组织的归属感

持股员工具有劳动者和股东双重身份，也是企业所有者中的一员。他们对公司的归属感会比过去更强，致力于推广企业文化、打造公司品牌，让自己也随着企业发展而建立不朽的辉煌。

● 保障优秀人才的就业机会

一般来说，参与持股计划的员工都会跟公司签订最低劳动服务期限的协议，这使得他们没有后顾之忧，更乐于继续留在公司。公司也因此留住了核心人才，保持了精英团队的稳定。

（3）对国家的影响

实施员工持股计划可以扩大公众对资本的占有率，缓解劳资冲突，缩小社会的贫富差距，在一定程度上降低失业率，促进社会资金的优化配置，让国民经济稳定健康发展。

### 2. 推行股权激励的意义

发端于外国的股权激励制度，是生产力发展的产物，对我国社会经济发展具有不可忽略的现实意义。具体而言，股权激励在以下六个方面具有举足轻重的意义。

（1）符合我国经济发展方针

我国当前正在积极发展混合所有制经济。国有资本、集体资本、非公有资本等交叉持股、相互融合的混合所有制经济，是我国基本经济制度的重要实现形式。在混合所有制企业实行员工持股，让资本所有者与劳动者成为利益共同体，是对我国社会主义公有制实现形式的一种探索。

（2）利于构建新型劳资关系

股权激励通过授予员工股权，把员工和企业变为利益共同体，这是一种新型劳资关系。传统劳资关系里的资本与劳动是对立的，股权激励带来的新型劳资关系在一定程度上能缓解这个矛盾。

（3）社会保障的有益补充

我国经济正处于战略转型阶段，股权激励制度蓬勃发展。大部分股权激励方案集中在少数高层管理人员之中，但员工持股计划的受益范围更大，受益人员更多。持股员工享受的公司分红，有助于缩小贫富差距，堪称社会保障的有益补充。

（4）优化企业法人治理结构

企业法人治理结构是企业长期稳定发展的重要保障。建立所有权的约束制度，是法人治理结构中的一项重要内容。不少企业的所有者没能有效约束经营者的行为，导致决策“一言堂”、管理效率低下、公司资产流失严重等弊病。股权激励让员工获得股东的身份，以企业所有者的立场来约束经营者的行为。

（5）调和企业利润分配冲突

在现有的利润分配结构中，公司利益和员工利益往往是不一致的。员工的劳动价值未能得到充分体现，上班不积极，干活得过且过，导致公司运营不善，管理人才和技术人才大量流失。股权激励制度可以在按劳分配的基础上，把管理、技术等要素的价值纳入利润分配机制当中。这将使得企业利润分配更为公平，更得人心。

**（6）实现企业与劳动者双赢**

华为、阿里巴巴、谷歌等国内外知名企业，都通过员工持股计划吸纳了无数优秀员工，激发其工作热情与创造精神，使其主人翁意识大大增强。用人单位的品牌影响力扩大了，市场竞争力增强了，劳动者的收入水平提升了，更好地实现了自我价值。

## 股权激励的法律基础

现代企业制度产生于法治社会的土壤。股权激励作为现代企业制度的重要组成部分，从诞生之日起就高度依赖法律法规的保障。假如没有法律法规做后盾，股权激励计划是无法真正落到实处的，甚至会让企业内部产生更多的纠纷。为此，我们应该了解一下股权激励的法律基础。

### 1. 股权激励带来的法律关系变化

家族式企业的所有权和经营权是混淆的，现代企业制度却要求所有权和经营权分离，企业所有者（股东）委托专业管理人才来经营公司。此举固然能提高企业的运营管理效率，但股东和经营者是雇佣关系，双方考虑问题的出发点不同，利益也存在差异。

股东考虑的是提高股票的市值，这就需要提高企业的业绩和品牌影响力。经营者考虑更多的是自身利益最大化，实现目标的手段既是为了长远发展而努力工作，又是杀鸡取卵的短期行为。这就是所有权和经营权分离带来的风险。

股权激励诞生的意义正是缓解这个矛盾。当公司实施股权激励计划后，公司股东和经营者不再是简单的雇佣和被雇佣的关系。经营者也在一定程度上成为所有者的角色，获得了部分剩余索取权并承担对应的风险。这就是由股权激励带来的法律关系变化。其本质是公司进行局部的资源重新配置，让经营者获得重新配置的资源后更加关注公司的长远利益，创造更多的价值。

### 2. 股权激励合同的主要内容

公司与激励对象签订的股权激励合同，是激励对象享受股权激励的法律依据，也是劳动合同的一种补充。股权激励合同应该对双方各自的权利义务做出明确的规定，让股权激励计划有章可循。通常而言，股权激励合同应当包含以下内容：

（1）合同主体

股权激励合同的一方是公司，另一方是公司的高级管理人员、核心技术人员、业绩突出的普通员工，即股权激励对象。

（2）合同标的

股权激励合同标的指的是公司的股权。合同履行的结果是激励对象获授公司让渡的本公司股权。

（3）激励对象获得权益的数量

激励对象获得权益的数量是指获授本公司股权的份额。这个数量不宜过多，否则会影响上市公司的股本，过多稀释原股东的权益，股权激励计划难以获得股东大会的审批通过。但数量过少的话，股权激励计划就难以真正起到激励作用，沦为可有可无的鸡肋。

（4）激励对象获得权益的价格

激励对象获授权益的价格是指股票期权的行权价格或者限制性股票的授予价格。

（5）激励对象获得权益的条件

股权激励计划会设置一定的条件，当激励对象达到条件时才能获得权益。这个条件通常是公司制定的综合绩效考核指标。

（6）激励对象行使权利的程序和期限

激励对象行使权利必须经过一定的程序，不能随意行权。在行使股权的过程中，激励对象必须遵守多个期限。这也是股权激励制度法治化的一个重要体现。

（7）双方在特殊情况下的权利和义务

股权激励合同中应该明确规定双方在特殊情况下的权利和义务，以及保障股权激励计划顺利执行的条款。这些内容可以减少股权激励计划实施过程中产生的不必要的纠纷。

### 3. 我国股权激励的法律依据

股权激励制度的发展离不开完善的法律制度和相关政策。我国上市公司股权激励目前主要的法律依据是《中华人民共和国公司法》和《中华人民共和国证券法》，这两部法律堪称我国股权激励制度的根本大法。

（1）《中华人民共和国公司法》

《中华人民共和国公司法》（简称《公司法》）于1993年发布，以法律形式确定了二元制的法人治理结构。这是我国现代企业制度发展的一座里程碑，也是我国企业股权激励制度的根本法。《公司法》经过多次修订，现行版本由全国人民代表大会常务委员会于2013年12月28日发布。

（2）《中华人民共和国证券法》

《中华人民共和国证券法》（简称《证券法》）于1998年发布。股权激励的标的是公司股权，激励计划在实施过程中必然涉及激励前股份的发行与激励后股份的交易。信息披露、防范内幕交易和操纵市场等风险，也应当被股权激励方案制定者纳入考虑范围。

《证券法》对上述问题进行了规范和调整，称得上是规范公司股权激励行为的根本法。《证券法》经过多次修订，现行版本由全国人民代表大会常务委员会于2013年6月29日发布。

（3）其他法律依据

股权激励计划涉及了公司和激励对象之间复杂的权利义务关系，在各方面都有专门的法律法规提供依据。

签订股权激励合同等行为的法律依据是《中华人民共和国合同法》和《中华人民共和国劳动法》。对股权激励进行会计处理，以及股权激励对象获得的收益如何缴纳个人所得税等问题，则需要《中华人民共和国会计法》和《中华人民共和国税法》来规范和调整。《公司法》《证券法》和这些法律依据一样，是股权激励的法律保障。

# 第二章

# 股权激励计划的实施基础

股权激励和其他的公司激励政策一样，需要合理的配套措施。当员工持有公司股份之后，就获得了“雇员”与“公司所有者”双重身份。假如没有合理的制度，不但起不到激励作用，反而会给公司带来负担。我们应当让员工明白，这项权利意味着相应的义务和责任。公司高层在制订股权激励计划时，应该充分考虑自身的实际情况，立足于长远发展，不能只搞短期的激进措施。为了更好地把握股权激励计划的限度，我们必须先了解推行股权激励的基础条件。

## 实行股权激励前需要考虑哪些问题

股权激励计划的实施需要一定的条件。脱离实际的股权激励计划是起不到激励作用的。为此，我们在设计方案前应该考虑四个问题：市场外部环境、公司内部条件、股权激励目标、激励方案设计原则。只有把这四个问题全部考虑清楚，企业才能制订出合理可行的股权激励计划。

### 1. 市场外部环境分析要点

市场形势对股权激励有很大的影响。特别是上市公司的股权激励计划，在很大程度上受制于资本市场的发展状况。相比发达国家，股权激励在我国的发展时间较短，市场环境基础相对薄弱。我们作为股权激励的实践者，应该充分了解以下情况：

（1）资本市场的完善程度

资本市场是筹集资金的重要渠道。我国资本市场虽然发展很快，但基础仍然比较薄弱。市场规模不够大，股票融资占整个社会融资的比例偏低，证券发行和交易还不够市场化，中小企业从资本市场上获得股权和债券融资的机会不多，中小投资者的权益尚未获得充分的保障。这些因素都会影响股权激励计划的实际效果。

**（2）职业经理人市场的完善程度**

股权激励与职业经理人市场密切相关。我国职业经理人市场发展较为缓慢，没有形成全行业共有的信用机制，高级专业管理人才依旧匮乏，人才流动也不够充分。这使得许多企业所有者不敢充分信任职业经理人，不愿建立完备的现代企业管理制度，对股权激励计划的意义认识不足。

**（3）政策环境的限制**

政策环境是指法律制度和国家政策造成的市场外部环境。就目前而言，我国法律法规对股权激励的激励对象、授权主体、股票来源、购买数量和比例、高级管理人员离职等问题都缺乏具体的规定，在税收方面也没有给企业试行股权激励提供明确的优惠政策。企业股权激励应该充分考虑政策环境的限制条件，以免激励方案的效果大打折扣。

**（4）配套服务行业的完善程度**

配套服务行业是由专业咨询机构、核算价值的专业机构、投行机构、证券服务机构、员工信托机构或职工持股会等服务机构共同组成的。配套服务市场越完善，股权激励计划的开展就越有效。

### 2. 公司内部条件分析要点

与市场外部环境相比，公司内部条件对股权激励的影响更为直接。我们应当知己知彼，对公司的实际情况了如指掌。

（1）股权结构

公司股权结构是指公司各股东的股权数量情况。股权结构对企业的经营管理影响极大，特别是大股东，对企业有很强的控制权。股权激励会改变公司原有的股权机构，进而影响权力格局，不能不认真考察。

（2）人员特征

股权激励计划的推动者可能是股东也可能是管理层。股东推动的股权激励更多关注公司的长远发展，管理层推动的股权激励更多关注个人利益的得失。此外，股权激励对象的不同会促使推动者选择不同的激励方案。我们要明确激励对象是高层管理者，还是中层管理者和技术骨干，或者是表现出色的普通员工。

（3）公司治理制度

公司治理制度是股权激励的保障。治理效率决定了股权激励计划的运作效果，制度漏洞会增加股权激励的成本与风险。股权激励的实质是代理人和委托人的关系和利益调整，其实施过程是动态的，必然会改变公司的治理制度。

（4）公司所在行业的特征

不同行业的股权激励需求存在差异。这些差异要求我们因地制宜地选择合适的股权激励方式。行业的风险、回报水平、成长性都是应该考虑的因素。

（5）公司的发展情况

公司规模和实力的大小，对股权激励影响很大。规模大、实力强的公司能更好地承受股权激励带来的成本压力。此外，公司的成长性也是实施股权激励计划的重要前提。因为只有当公司具有较好的成长性时，才能实现较高的盈利水平，保证股权激励给激励对象带来切实的收益。

（6）财务状况

这是我们实施股权激励前必须审视的重要内容。因为激励模式的成本不同，有的对直接成本要求较高，会影响公司的资金链。公司的盈利水平和现金流都是需要考虑的问题。

### 3. 明确股权激励目标

制订科学合理的股权激励计划，从明确股权激励目标开始。通常而言，企业施行股权激励的目的有：

（1）提升公司业绩

股权激励计划会给激励对象设置一定的行权条件，促使其为达到要求而努力提升公司的业绩水平。以提升业绩为目标的股权激励计划，必须设计合理的考核指标，否则起不到激励作用。

（2）减轻公司的资金压力

对于某些资金不充裕或者现金流不足的企业而言，施行股权激励计划有助于缓解公司的资金压力。选择对现金要求不高的股权激励模式来代替那些由现金支付的激励措施。

（3）完善公司治理结构

股权激励计划可以把优秀的管理人才或技术人才纳入公司治理决策机构当中，完善公司的治理结构，避免所有权和经营权分离造成的内部冲突。

（4）为公司吸引和挽留人才

随着职业经理人市场的不断完善，人才流动会变得越来越频繁。能否吸引和挽留人才，是现代企业克敌制胜的关键。合理的股权激励计划有助于企业实现这个目标。

（5）解决公司的转型问题

当公司发展到一定阶段时，必然会遇到转型问题，否则难以适应市场环境的变化。公司需要把不适应新形势的元老级员工逐渐淘汰出决策层。股权激励是一个很好的补偿机制。具有新思想的新员工希望得到公司的重视，股权激励能给他们带来开创事业的干劲，促进公司的转型。

### 4. 激励方案设计原则

在明确上述三大问题后，我们最后来了解一下股权激励方案的3个设计原则。

（1）股东选择原则

我们挑选的激励对象应该是像股东一样真心思考企业长远发展的人。他们应该在知识结构、业绩贡献、发展前途等方面足够出色。把这样优秀的人才转化为企业股东，才能改善公司的股权结构，提高企业的治理决策水平。

（2）动态分配原则

企业和激励对象的状态绝非一成不变。我们不可幻想一个股权激励方案永远有效。当公司的发展战略、规章制度、组织结构、市场份额发生变化时，股权激励计划也应该有所调整，以确保足够的激励效果。

**（3）激励与约束相结合原则**

股权激励不仅仅是激励制度，也是一种约束措施，故而被业界戏称为“金手铐”。我们在设计股权激励方案时，必须做到权利和责任对等，配套制度严密。既要让激励对象有工作干劲，又要对其合理约束，确保股权激励计划不走上歧途。

## 需求诊断：你的公司需要股权激励计划吗

每个公司的股权结构、人员特征、治理制度、所在行业的特征、发展情况和财务状况都存在差异，有的适合做股权激励计划，有的更适合采取其他的激励方式。股权激励理论虽好，但企业绝不能削足适履，必须认真了解自己的实际需求。假如公司真的需要股权激励计划，就应该果断进行筹备工作。

### 1. 需要股权激励的征兆

我国大多数公司都没有采取股权激励计划，企业所有者们都知道相关概念，但觉得没有推广的必要。这可能是因为公司本身运营状况尚可，没有迫切的激励需求，也可能是观念没跟上时代。当以下四种情况出现时，企业所有者就应该认真考虑股权激励问题了。

**（1）人才频繁流失，关键岗位严重空缺**

在市场经济环境下，人力资源流动十分频繁。求职者很少长期待在一个公司，企业每年都会招聘新员工来填补老员工离职造成的空缺。人才流动是正常现象，但员工跳槽过于频繁意味着企业缺乏竞争力，留不住人。当骨干员工纷纷辞职，高级管理人员也开始以各种理由离开公司时，公司的团队将土崩瓦解，无法维持正常运转。这个时候应该考虑是否利用股权激励来挽留关键岗位的人才。

（2）公司上下缺乏工作激情

公司的核心人员都还在，团队结构比较完整，但大家普遍没有工作激情。当老板不在的时候，从普通员工到高级管理人员都无心干活，做与工作无关的事。公司各个项目进展停滞不前，运营效率十分低下，错失不少发展机会。遇到这种情况时，企业所有者应该及时采取有力的激励措施，让大家恢复工作的动力。股权激励就是一个很好的选择。

（3）员工抱怨薪资待遇不如主要竞争对手公司

员工抱怨薪资待遇不好是企业运营中的常见现象。不是每一个抱怨都需要引起重视的。但是，假如你的主要竞争对手公司实行了股权激励制度，而公司的高级管理人员和骨干员工经常在不同场合有意无意地提到你给的待遇不如主要竞争对手时，就应该有所警醒了。股权激励水平至少要跟主要竞争对手持平。

（4）公司急需提升凝聚力来完成远大目标

假如公司制定了远大的战略目标，就应该高度重视人才团队的稳定和凝聚力。任何远大的目标都需要公司上下精诚团结、齐心协力。从理论上说，当所有人鼓足干劲时，能发挥出远超平时的水准。但大部分员工都抱着“公司给我多少钱，我就给公司干多少活”的心态，不会拿出真正的拼劲，在细节上得过且过。当公司目标与他们的抱负保持一致，公司又以股权激励来与他们分享胜利果实时，团队凝聚力和工作热情才会保持高水平。

### 2. 内部诊断法

如果你的公司没出现上述情况时，可以通过内部诊断来搞清楚企业是否需要股权激励。内部诊断法是由10个问题组成的，具体内容见下表。

| 问题 | 诊断结果 |
| --- | --- |
| （1）公司的法人治理结构机制是否完善？ | |
| （2）实施股权激励计划能否对管理层和技术骨干员工起到足够的约束作用？ | |
| （3）公司推行股权激励计划的目的是什么？ | |
| （4）公司推行股权激励计划想要实现什么目标？ | |
| （5）公司推行股权激励计划的原因是为了主动留住人才，还是迫于行业竞争压力的被动反应？ | |
| （6）公司的价值有多少？ | |
| （7）公司价值有多大比例可以用来进行股权激励？ | |
| （8）公司价值是用内在价值还是用市场价值来衡量？ | |
| （9）在没有市场价值的情况下，是用账面价值还是用评估价值来衡量？ | |
| （10）公司核心人力资本拥有者包括哪些人，他们各自的价值是什么？ | |

当企业所有者把上述问题一一梳理清楚时，公司是否需要股权激励计划就一目了然了。需求诊断对于股权激励计划的实施有重要意义。它能避免我们做出冲动决策，盲目地排斥股权激励计划，或者盲目跟风推行股权激励计划。

## 尽职调查：设计股权激励方案的依据

设计股权激励方案必须立足于公司的发展需求与当前现状。经过需求诊断之后，我们可以确定公司是否需要股权激励计划，充分掌握公司当前的信息。假如脱离了公司实际情况，设计出来的股权激励方案要么缺乏可行性，要么不公平合理，甚至可能因违反国家法律法规而被判无效。为此，我们应该对公司进行尽职调查。

### 1. 尽职调查需要弄清的问题

尽职调查的目标是全面掌握公司各方面的当前现状，特别是人力资源、薪酬管理、绩效考核等方面的现状。尽职调查需要弄清的问题如下：

（1）调查公司的经营状况

通过收集公司的公开资料、资信情况、财务报表以及其他各种信息来了解公司实际的运营状况。当前公司运营状况是否需要实施股权激励计划？假如确实需要股权激励计划，公司的治理制度和人员构成是否会对股权激励造成阻碍？假如公司没有阻碍股权激励的缺陷，激励方案能否给员工带来足够的激励力度？这些问题都是调查者需要弄清楚的细节。

**（2）调查公司所在行业的法律法规**

《上市公司股权激励管理办法》第三条规定："上市公司实行的股权激励计划，应当符合法律、行政法规、本办法和公司章程的规定，有利于上市公司的持续发展，不得损害上市公司利益。上市公司的董事、监事和高级管理人员在实行股权激励计划中应当诚实守信，勤勉尽责，维护公司和全体股东的利益。"

公司是什么所有制类型的公司，处于什么行业，主要经营什么产品，受到哪些法律法规、国家方针、地方政策的影响，这些都关系到股权激励方案的可行性。调查者要认真查阅相关资料，必须保证公司实施股权激励计划有法律依据。缺乏法律依据的股权激励方案必然会给公司带来无穷无尽的纠纷和麻烦。

**（3）调查股权激励可能涉及的行政程序**

《上市公司股权激励管理办法》第三十三条规定："董事会审议通过股权激励计划后，上市公司应将有关材料报中国证监会备案，同时抄报证券交易所及公司所在地证监局。上市公司股权激励计划备案材料应当包括以下文件：

（一）董事会决议；

（二）股权激励计划；

（三）法律意见书；

（四）聘请独立财务顾问的，独立财务顾问报告；

（五）上市公司实行股权激励计划依照规定需要取得有关部门

批准的，有关批复文件；

（六）中国证监会要求报送的其他文件。”

调查者必须认真调查公司在实施股权激励计划的过程中是否遵循了这些行政程序，是否及时提交了上述备案材料。

**（4）调查公司股权激励负责人的想法**

调查者应当与公司主要控股股东、董事长、总裁、人力资源部负责人、薪酬委员会主席单独进行面谈，了解各个相关负责人对股权激励方案的态度及期望。

### 2. 尽职调查的具体调查内容

尽职调查的具体调查内容主要有：

| 细目 | 调查结果 |
|---|---|
| （1）公司设立及变更的相关文件，包括工商登记材料及相关主管机关的批件 | |
| （2）公司的公司章程、议事规则、规章制度 | |
| （3）公司的股权结构、主要股东与组织机构等情况 | |
| （4）公司的主要业务及经营情况；公司未来5年的战略发展规划 | |
| （5）公司最近两年经审计的财务报告 | |
| （6）公司全体人员的构成状况及现有的薪酬政策、激励策略和薪酬水平，包括但不限于管理人员和技术、业务骨干的职务、薪资、福利待遇；其他关键岗位员工的职务、薪资、福利待遇等 | |
| （7）公司现有的员工激励制度和绩效考核标准，实际运行的效果以及存在的主要问题 | |
| （8）公司与员工签订的劳动合同、保密协议、竞争限制协议等 | |

（续表）

| 细目 | 调查结果 |
| --- | --- |
| （9）启动股权激励的内部决策文件，包括但不限于本公司股东会或董事会决议、薪酬绩效委员会决议、上级主管部门的文件、中央及地方相关的股权激励政策等 | |
| （10）公司初步设定的实行股权激励的范围、对象、基本情况、拟实现的战略目标及初步思路 | |
| （11）公司对股权激励的基本要求及针对性要求，例如操作模式、实施期间、股权归属方式、激励基金的提取条件、计划的终止条件等 | |
| （12）公司认为股权激励应该关注的重点问题和可能的障碍 | |
| （13）制作激励方案所需要的其他资料 | |

股权激励尽职调查的结果是企业设计股权激励方案的依据，它决定了企业的激励对象、激励额度以及可选择的股权激励模式。公司应该选择专业律师或其他第三方咨询机构来完成上述的尽职调查科目，调查结果以及其对股权激励计划的影响要详细汇报给公司董事会。

## 与股权激励配套的公司治理制度

如何处理所有权与管理权的关系，是现代企业管理的一个重大课题。通常而言，公司股东拥有与所持股份比例对应的公司所有权，但他们不在公司担任具体的管理职务时，就不具备管理权。不少公司聘用的职业经理人本身没有公司股份，只有管理权而不具备所有权。从这个意义上说，职业经理人只是公司股东委托的代理人。

股权激励计划的实施，是让公司的管理层也成为股东，获得一定的公司所有权，让他们成为控股股东的“自己人”。这个美好的愿望能否实现，关键在于公司治理制度是否足够完善，能有效平衡各方的利益。

### 1. 公司治理问题的自我检查要点

以下是公司常见的治理问题。通过检查这些问题，我们可以找出公司现行治理制度的不足之处，并做出合理的改进。

**（1）公司的基本情况和股权结构**

- 公司是否依法设立并合法续存，经营资质是否有效。

●公司现有股东人员以及各股东的持股比例。

● 有无分期出资的股东，如果有，其承诺出资是否已经全部注入公司。

（2）公司权力机构股东会议的规范运作情况

●股东大会的召集、召开程序是否符合公司章程。

●股东会提案审议是否符合程序，能否是确保中小股东的话语权。

●股东大会会议记录是否完整，保存是否安全。

● 公司是否有重大事项绕过股东大会的情况，是否有先实施后审议的情况，如果有，请说明原因。

（3）公司权力机构董事会的规范运作情况

●董事会的召集、召开程序是否符合相关规定。

● 公司是否制定《董事会议事规则》《独立董事制度》等相关内部规则。

●公司董事会成员的构成与来源情况。

● 董事长的简历及其主要职责，是否存在兼职情况，是否存在缺乏制约监督的情形。

● 各董事的职责履行情况，包括参加董事会会议以及其他履行职责情况。

● 兼职董事的数量及比例，董事的兼职及对公司运作的影响，董事与公司是否存在利益冲突。

● 董事会是否设立了下属委员会，如提名委员会、薪酬委员会、审计委员会、投资战略委员会等专门委员会，各委员会职责分工及运作情况。

● 董事会会议记录是否完整，保存是否安全。

● 股东大会是否对董事会有授权投资权限，该授权是否合理合法，是否得到有效监督。

（4）公司权力机构监事会的规范运作情况

● 公司是否制定了《监事会议事规则》或类似制度。

● 监事会的构成与来源，职工监事是否符合有关规定。

● 监事会的召集、召开程序是否符合相关规定。

● 监事会会议记录是否完整，保存是否安全。

● 在日常工作中，监事会是否尽职尽责，如何行使其监督职责。

（5）公司经理层内部控制情况

● 公司是否制定《经理议事规则》或类似制度。

● 经理层特别是总经理人选的产生、招聘，是否通过竞争方式选出，是否形成合理的选聘机制。

● 经理层能否对公司日常生产经营实施有效控制。

● 经理层在任期内能否保持稳定性。

● 经理层是否有任期经营目标责任制，在最近任期内其目标完成情况如何，是否有一定的奖惩措施。

● 经理层是否有越权行使职权的行为，董事会与监事会能否对公司经理层实施有效的监督和制约，是否存在“内部人控制”倾向。

● 经理层是否建立内部问责机制，管理人员的权责是否明确。

（6）公司独立性情况

● 公司会计核算体系是否按照有关规定建立，是否健全。

● 公司财务管理是否符合有关规定，授权、签章等内部控制环节能否有效执行。

● 公司公章、印鉴管理制度是否完善，以及执行情况。

● 公司是否存在注册地、主要资产地和办公地不在同一地区的情况，对公司经营有何影响。

● 公司如何实现对分支机构，特别是异地分子公司有效管理和控制，是否存在失控的风险。

● 公司是否建立了有效的风险防范机制，能否抵御突发性风险。

● 公司是否设立了审计部门，内部稽核、内控体制是否完备、有效。

● 公司是否设立专职法律事务部门，所有合同是否经过内部法律审查，对保障公司合法经营发挥效果如何。

● 公司董事长、经理、副经理、董事会秘书、财务负责人等人员在股东及其关联企业中有无兼职。

● 公司能否自主招聘经营管理人员和职工。

● 公司的生产经营管理部门、采购销售部门、人事等机构是否具有独立性，是否存在与控股股东人员任职重叠的情形。

● 公司发起人投入公司的资产的权属是否明确，是否存在资产未过户的情况。

● 公司主要生产经营场所及土地使用权情况如何，是否独立于股东资产。

● 公司商标注册与使用情况如何，工业产权、非专利技术等无形资产是否独立于股东。

● 公司财务会计部门、公司财务核算的独立性如何。

● 公司采购与销售的独立性如何。

● 公司对控股股东或其他关联单位是否存在某种依赖性，对公司生产经营的独立性影响如何。

● 公司业务是否存在对主要交易对象即重大经营伙伴的依赖，公司如何防范其风险。

● 公司内部各项决策是否独立于控股股东。

### 2. 起草《公司股权激励计划管理制度》

《公司股权激励计划管理制度》应包括以下内容：

● 股权激励计划的管理机构设置情况，分清股东大会、董事会、监事会、股权激励专门委员会的具体权限和职责。

● 简要介绍股权激励计划的基本模式与运作流程。

● 明确每个年度的股权激励计划具体执行问题。

● 规定股权激励计划的各种实施细则。

● 明确股权激励计划的信息披露问题。

### 3. 需要注意的问题

股东、董事、监事、经理、职工、债权人都是公司运营的参与者，尤其是公司股东大会、董事会、监事会与经理层之间必须做到权责分明，各司其职，有效制衡。唯有如此，才能让各参与方都获得收益，实现股东的长期投资价值。

如果治理制度不完善，特别是没有完善的法人治理机构，公司是无法保护股东合法权益的，股权激励计划会破坏公司的稳定团结。

因为，管理层在缺乏有效监管的环境下，可能会故意扩大激励额度或激励对象范围，对激励对象的业绩考核放水，虚报或瞒报利润，做出损害股东利益的事情。

为此，公司应该按照上述六组治理问题来不断完善治理制度，为股权激励计划提供良好的制度保障，在发挥激励作用的同时有效约束管理人才，使其真正为公司长远发展尽心尽责。

## 如何组建股权激励管理团队

股权激励计划需要一个强有力的管理团队来负责落实。如果没有专门的管理团队，起草股权激励计划草案、提交与审核文件、执行具体方案等后续工作都无法进行。为此，公司应该认真抓好团队建设工作。

### 1. 股权激励管理团队的四套班子

股权激励团队主要包括股东大会、董事会、监事会、股权激励专门委员会四套班子。

**（1）股东大会**

股东大会是由公司全体股东组成的实施股权激励计划的最高权力机构，其具体职能如下：

- 授权董事会组织制订实施股权激励计划。
- 直接或授权董事会聘任、解聘股权激励专门委员会委员。
- 审议董事会通过的股权激励专门委员会提交的股权激励计划方案。

●审议董事会办理有关股权激励计划相关事宜的授权的方案。

●审议监事会关于股权激励计划事实情况的报告。

●审议独立董事提交的关于股权激励计划的独立意见报告。

《上市公司股权激励管理办法》第三十七条规定：

"股东大会应当对股权激励计划中的如下内容进行表决：

（一）股权激励计划所涉及的权益数量、所涉及的标的股票种类、来源和数量；

（二）激励对象的确定依据和范围；

（三）股权激励计划中董事、监事各自被授予的权益数额或权益数额的确定方法；高级管理人员和其他激励对象（各自或按适当分类）被授予的权益数额或权益数额的确定方法；

（四）股权激励计划的有效期、标的股票禁售期；

（五）激励对象获授权益、行权的条件；

（六）股权激励计划涉及的权益数量、标的股票数量、授予价格及行权价格的调整方法和程序；

（七）股权激励计划的变更、终止；

（八）对董事会办理有关股权激励计划相关事宜的授权；

（九）其他需要股东大会表决的事项。股东大会就上述事项作出决议，必须经出席会议的股东所持表决权的2/3以上通过。"

由此可见，股权激励计划必须得到股东大会的表决批准，如果不能通过代表2/3以上表决权的股东表决通过，就不得实施。此外，任何控股股东单独表决通过的股权激励计划都不得侵害公司中非控股股东的利益。

（2）董事会

董事会是公司股权激励计划的执行机构。由于股权激励对象主要针对公司管理层，所以公司职能部门不适合担当股权激励计划的执行机构。这个角色应该由公司董事会来扮演。

董事会具体要履行以下职责：

● 负责起草、修改或审批下属机构起草、修改的股权激励计划文件，报股东大会审批。

● 负责筹建股权激励计划的下属机构，聘请或解聘相关下属机构的成员。

● 审议批准股权激励计划的配套规章制度。

● 提出修改或终止股权激励计划的意见，并报股东大会审议。

● 负责处理股东大会授权董事会办理的股权激励计划相关事项。

● 审议与聘请专业股权激励顾问相关的事项。

● 其他应由董事会决断的股权激励计划相关事项。

董事会的董事是由股东大会选举产生的，受全体股东委托对公司行使经营管理权。董事通常是股东，但也可以不是股东。有的公司在董事会中引入独立董事，以避免董事会只为控股股东或大股东服务，而不关心中小股东的权益。

（3）监事会

监事会是公司股权激励计划的监督机构，监督对象正是董事会及其下属的股权激励管理机构。监事会具体要履行以下职责：

● 审议由董事会或董事会下属股权激励管理机构起草的股权激励计划方案。

● 合适股权激励计划中的激励对象名单，审核激励对象的主体资格是否合法、有效。

● 审查公司股权激励计划的实际执行情况，找出计划方案中的不足之处。

● 其他应由监事会决断的股权激励计划相关事项。

监事会要严格监督股权激励计划执行机构的工作情况，尤其是员工绩效考核、股权激励标的授予、计划的执行程序等，并向股东大会报告自己的监督情况。

**（4）股权激励专门委员会**

股权激励专门委员会是董事会下属的实施股权激励计划的专门管理机构，比如员工持股专门委员会，以及后面即将提到的薪酬绩效委员会。这种专门委员会是根据公司的需要而设定的，独立性较强，可能有一半以上的成员是独立董事或外部董事。其共同点是都向董事会负责，总经理无权干预。

股权激励专门委员会具体要履行以下职责：

● 起草、修改股权激励计划草案，包括激励标的授予数量、授予条件、授予对象、授予日期、行权时间、行权方式、行权程序和转让限额等。

● 委托中介机构起草、修改股权激励计划草案及所有相关文件。

● 起草、修改股权激励计划的管理制度。

● 起草、修改股权激励计划的绩效考核办法和其他配套制度。

● 负责具体实施股权激励计划及适用相关绩效考核结果。

● 执行董事会有关股权激励计划的决议。

- 其他应由股权激励计划专门管理机构负责的事宜。

### 2. 选聘股权激励顾问机构

股权激励制度建设是一项专业性极强的工作，必须让专业顾问机构介入。否则，公司很难实现股权激励计划的初衷。为此，我们应该合理选聘管理咨询公司和律师事务所的专家，接受专业的管理知识和法律知识指导。

（1）管理咨询公司

管理咨询公司是由一群具有丰富管理学知识与企业经营经验的专家组成的。管理咨询专家会深入现场，跟企业管理人员一起运用各种科学方法来诊断公司存在的问题，并提出行之有效的解决方案。

前面提到的公司股权激励需求诊断、企业尽职调查等，都可以交给管理咨询公司来完成。而在设计股权激励计划方案的阶段和实施计划阶段，管理咨询公司都能为企业的股权激励管理团队提供大量专业指导。企业选聘管理咨询公司有以下好处：

- 确保制度建设的科学性与创新性。
- 确保公司股权激励计划能有效落实。
- 可以避免公司内部人员以权谋私，让客观中立的第三方设计出符合企业整体利益的方案。
- 可以通过接受管理咨询公司指导来培养自己的管理人才。

（2）律师事务所

股权激励的产生是为了解决股东与管理层之间“委托代理”的矛盾，涉及了大量法律问题。为了妥善安排股权激励制度中复杂的权利义务关系，公司应当从律师事务所选聘执业律师做法律顾问。律师事务所在以下四个方面发挥着重要作用：

- 起草、拟定股权激励计划草案及相关法律文书。
- 出具实施股权激励计划必需的法律意见书。
- 处理激励对象与公司之间关于股权激励的纠纷、员工薪酬纠纷以及劳动合同纠纷。
- 作为外部董事或者独立董事加入公司董事会，成为企业股权激励管理团队中一分子。

### 3. 组建薪酬绩效委员会

如果是规模较大的股份公司，简单粗放的股权激励管理模式就很难做到公平、规范、有效。这时候可以考虑设立薪酬绩效委员会。薪酬绩效委员会隶属于董事会，由董事长、1/2以上独立董事或者全体1/3提名，经过董事会选举产生，设一名负责主持委员会工作的主席。其成员通常由董事会成员、监事、人力资源管理部门主管组成，成员结构应保持相对多样性，避免内部人员权力过分膨胀。

薪酬绩效委员会的主要职责如下：

**（1）调查股权激励的实施基础**

- 了解公司股东与激励对象的期望。
- 明确固定薪酬（工资与津贴）与可变薪酬（年度与长期激励制度）的组合，以及薪酬组合的利益平衡问题。
- 评估薪酬激励的风险高低以及超出目标薪酬所具有的杠杆效应。
- 对比短期薪酬与长期薪酬的重要性。

- 评估非业绩薪酬对吸引新骨干员工的作用如何。
- 估算非业绩薪酬对留住现有员工的作用如何。
- 确定股权激励在薪酬中发挥的作用。
- 考虑跟税收、会计及证券相关的事宜。

**（2）评估激励对象的薪酬水平**

- 确定最合适的“参考系”。
- 确定目标薪酬的竞争性水平。
- 确定“参考系”的典型薪资结构。
- 确定外部因素（市场驱动）对薪酬的相对影响。
- 确定内部因素（平衡因素）对薪酬的相对影响。

**（3）评估激励对象的工作表现**

- 确定激励对象的工作业绩考核标准。
- 确定激励对象的业绩评估流程。
- 按照标准和流程来考核激励对象的工作表现。

**（4）选择最佳的薪酬组合**

- 对公司现行的薪酬组合进行调查分析。
- 分析各种备选薪酬组合的效果。
- 确定最符合公司实际情况与预定目标的薪酬组合方式。

**（5）提出薪酬激励方案**

- 提出一般激励对象的年度及长期激励性薪酬计划。
- 制定执行该计划的规则与条例。
- 确定公司薪酬绩效委员会应当行使的职责及具体负责人。

（6）评估董事薪酬

- 确定董事薪酬决定程序。
- 确定董事薪酬的构成（现金与权益薪资的比例）是否合理。
- 确定具有竞争力的目标薪酬。
- 确定董事薪资的竞争力水平。
- 确定公司给董事以股权的指导方向是否恰当。

成立薪酬绩效委员会的目的是确保公司的薪酬机制具有较强的行业竞争力。股权激励制度是薪酬机制中的重要组成部分，由薪酬绩效委员会来专门负责薪酬机制相关工作，有助于完善股权激励制度，保障激励对象的权益，为公司和股东创造更多价值。

# 第三章

## 8种股权激励工具

股权激励的模式主要有8种，它们分别是股票期权、期股、限制性股票、虚拟股票、股票增值权、业绩股票、干股、员工持股计划。这些股权激励工具各有优缺点，并不适用于公司的所有时期。我们在设计股权激励制度的时候，没必要把8种工具一股脑地全用上。这样做只是在浪费资源，并不能取得期望的效果。在实际操作中，我们应该根据公司的发展情况来灵活选择合适的股权激励组合。唯有如此，才能让股权激励计划达到意料中的效果。

## 股票期权：为股东创造长期价值

股票期权是全球应用最广泛的股权激励模式，诞生于美国，最初是一种对付高税率的变通手段。这种激励模式的特点是上市公司授予激励对象（高层管理者或技术骨干）一定的特权，即有权在约定时期内按照事前确定的价格（行权价）购买本公司一定数量的股票。

当股票价格上涨时，激励对象就能通过股票期权获得潜在收益。反之，股票市场价格低于行权价时，激励对象就无法通过行权来获利。需要明确的是，获得股票期权的人可以行使权利，也可以放弃权利，但不得将股票期权转让、抵押、质押、担保或者偿还债务。

### 1. 影响股票期权价值的关键因素

股票期权的价值包括“内在价值”和“时间价值”。内在价值指的是当期权被立刻执行时的财务价值，即股票价格高于行权价格的部分价值。内在价值越大，对激励对象越有利。时间价值指的是随着时间的推移，股票价格的变动给期权的权利人带来的额外收益。股票期权价值主要受以下关键要素影响：

（1）行权价格

计算公式：期权的内在价值=股票市场价格−行权价格

由此可见，授予期权计划时的行权价格越高，期权的内在价值就越低。

（2）股票市场价格

根据上述公式，行权时的股票市场价格越高，期权的内在价值就越高。

（3）行权期间

如果股票的行权期间越长，行权过程中可以选择的交易时点就越多。这意味着权利人有更多机会让自己的利益最大化。

（4）无风险利率

无风险利率是指通过将资金投资于某一项无风险的投资对象而得到的利息率。当无风险利率增加时，股票市场价格的预期增长率也会增加，这对权利人而言是一个好消息。

（5）企业成长性

企业的成长性越好，未来行权时的股票市场价格就越有可能上涨，相应期权的价格就越高。对于创业公司来说，这点尤为重要。

（6）股价波动率

股票上下波动的概率越大，公司股价升降的可能性就越大，股票期权的激励对象可出手获利的机会也越大。

（7）红利支付率

股票的市场价格等于除息日前的价格减去红利部分。红利的增加会导致股票价格降低，股票期权的价值也会随之降低。

（8）人力资本依附性

如果公司业绩高度依赖激励对象的人力资本，激励对象工作越卖力，公司股价上涨的概率就越高，期权价值也就越高。如果公司对人力资本的依附性越低，期权的价值也就越低。

### 2. 股票期权的优点

（1）股票期权只是权利而非义务

激励对象在股票市场价格低于行权价时可以放弃行使权利，减少了自身的风险。

（2）能促使激励对象朝公司要求的方向努力

股票期权需要达到一定的条件或时间才能实现。激励对象为了达到条件，让股票升值，会努力提高公司的业绩。这正是公司实施股权激励的初衷。

（3）不侵蚀公司原有资本存量

股权期权持有人拿到的是公司新增价值，而且在行使权利时能增加公司的现金流量。这些都不会侵蚀公司原有资本存量。

（4）激励力度较大，相对公平

由于市场估价的波动，股票期权的激励水平较大。此外，股票期权受到证券市场的监督，交易相对公平。

### 3. 股票期权的缺点

（1）高度依赖资本市场的发展水平

股票期权最早在美国诞生，在美国发展最成熟。健全而发达的资本市场，是股票期权能充分发挥作用的前提。我国的资本市场发展还不充分，相关制度不完善，员工对股票期权的信任度也偏低。

（2）并不适用于公司所有的发展阶段

在公司建立之初，发展势头良好但现金较为紧张，这种情况适合以股票期权的模式来激励员工。当公司进入成熟期后，公司业绩的预期增长水平就会放缓，使用股票期权的激励效果就大不如前了。

### 4. 我国股权期权交易的主要规则

（1）证监会交易规则

《股票期权交易试点管理办法》，共有30条，主要内容包括：

- 股票期权交易场所和结算机构。
- 证券公司和期货公司参与股票期权业务的资格。
- 投资者保护。
- 风险控制措施。
- 其他相关规定。

《证券期货经营机构参与股票期权交易试点指引》，共有34条，主要内容包括：

- 证券期货经营机构从事股票期权经济业务有关要求。
- 证券期货经营机构自营、做市及资产管理业务参与股票期权的有关要求。
- 证券期货经营机构强化内控管理及计算风险控制指标等监管要求。

（2）上交所交易规则

《上海证券交易所股票期权试点交易规则》，共有9章171条，主要内容包括：

- 总则。
- 期权合约。
- 上市与挂牌。
- 交易。
- 行权。
- 风险控制。
- 交易监督。
- 其他事项。
- 附则。

《上海证券交易所股票期权试点做市商业务指引》，共有5章28条，主要内容包括：

- 总则。
- 资格申请。
- 做市规则。
- 监督管理。
- 附则。

其中，第三章《做市规则》包括做市合约申请与确定、账户使用要求、做市商的报价义务、做市商的权利、做市商的保护机制、做市商主动退出、做市商的统计与评级。

《上海证券交易所股票期权试点投资者适当性管理指引》，共有5章43条，主要内容包括：

- 准则。
- 投资者适当性管理。
- 投资者分级管理。
- 投资者教育。
- 附则。

**（3）上交所、中证登交易规则**

《上海证券交易所、中国证券登记结算有限责任公司股票期权试点风险控制管理办法》，共有9章94条，主要内容包括：

- 总则。
- 保证金制度。
- 持仓限额制度。
- 大户持仓报告制度。
- 强行平仓制度。
- 取消交易制度。
- 结算担保金制度。
- 风险警示制度。
- 附则。

**（4）中证登交易规则**

《中国证券登记结算有限责任公司关于上海证券交易所股票期权试点结算规则》，共有6章91条，主要内容包括：

- 总则。
- 期权结算参与人和结算银行管理。

- 账户管理。
- 期权结算及违约处理。
- 风险控制。
- 附则。

总之，公司在推行股票期权激励计划的时候，必须遵循证监会、上海证券交易所、中国证券登记结算有限责任公司等相关部门颁布的文件，让股票期权激励计划更加规范化，提高风险控制管理能力。

## 期股计划：只需支付部分首付的激励工具

公司经营者通过部分首付、分期还款而获得公司的股份，这种股权激励模式就是期股。期股计划实施的前提条件是激励对象（经营者）必须购买本公司的相应股份。由公司贷款给经营者作为其股份投入，激励对象以此获得所有权、表决权以及分红权。

需要注意的是，激励对象只有在还清购买期股的贷款后才实际拥有所有权。此外，分得的红利也不能拿走，而是用于偿还期股。如果激励对象想把期股变为实实在在的收益，就必须把公司经营好。这样才有可供分配的红利。若是公司经营不善，别说期股无法变实，连投入的本钱都会亏掉。

### 1. 期股激励模式的特点

期股激励模式主要有4个特征：

**（1）做出明确约定**

公司和激励对象双方明确约定在未来某一时期内以一定的价格购买一定数量的股份。约定不明确是无法执行期股计划的。

（2）不能立刻兑现

激励对象需要先以现金方式出资认购期股。现金出资的部分叫作实股，认购的部分叫作期股。实股和期股都不能立刻兑现，而要先行取得实股和期股的分红权、配股权等部分权益。只有当激励对象支付完全部的勾股款时，才能获得完全的所有权，成为真正的公司股东。假如是非上市公司的期股计划，还需要到所在地工商部门进行股东变更登记。

（3）资金来源复杂

期股计划的勾股资金来源多样，包括期股分红所得、实股分红所得以及现金。当本期分红不足以支付本期勾股款项时，期股计划需要用其他资产或现金来冲抵。在此期间，激励对象的任期可以跟分红回购期股的期限不一致。

（4）违约有惩罚

如果激励对象在任期未满的时候就主动要求离开公司，或者在任期内没能达到期股计划协议规定的业绩考核水平，都属于违约行为。公司通常会在期股合同中事先对这种情况提出防范条款，一旦发生此类情况，就会取消激励对象所拥有的期股股权及其收益，激励对象个人现金出资部分也会作为风险抵押金来扣除。

## 2. 期股激励的优缺点和适用性

| 优点 | 缺点 |
| --- | --- |
| ①期股计划把股票的增值和公司资产的增值、公司效益紧密结合在一起。这将促使激励对象对公司的战略发展和长远利益更为上心 | ①假如公司经营不善，激励对象可能反而因期股计划而亏本。这种风险会降低激励对象对期股计划的兴趣 |

（续表）

| 优点 | 缺点 |
| --- | --- |
| ②期股激励模式能有效解决激励对象在购买股票时遇到的融资问题<br>③期股激励模式克服了一次性重奖导致公司收入差距不平衡的矛盾，能减少股权激励计划执行过程中可能产生的纠纷 | ②激励对象的收益在短期难以实现 |

在2006年以前，我国绝大多数公司无法在法律框架内解决股票期权计划的激励股票来源问题。北京和上海的国有上市公司为了解决这个问题，把股票期权改造成了期股计划这种变通模式。2006年修订的《新公司法》为股票期权计划的激励股票来源问题提供了法律依据。但期股计划依然在非上市的民营企业和国有企业中得到越来越广泛的应用。

期股计划和股票期权模式在设计原理和激励原理上有相通之处，激励力度较强。但不同的是，期股计划需要激励对象花钱购买股票，让股权激励计划带有一定的强制色彩，对激励对象的约束比股票期权模式更强。所以，期股计划基本上适用于所有适合采用股票期权激励模式的非上市公司。其中包括那些非上市的国有企业和已经提出明确上市计划的非上市公司。假如公司希望加强对激励对象的约束力，可以选择期股计划。

## 限制性股票：具有禁售期和解锁期的股票

限制性股票因其对激励对象有一定的限制性而得名。这种股票激励模式在获取条件和出售条件上都有所限制。上市公司按照约定的条件授予激励对象一定数量的本公司股票，激励对象只有在工作年限或业绩达到股权激励计划规定的条件下，才能通过出售限制性股票获取收益。

### 1. 限制性股票的类型和特点

限制性股票激励模式主要有两个类型，二者的具体内容如下：

**（1）折扣购股型激励模式**

在这种限制性股票激励模式中，激励对象需要支付现金来购买股票。公司采取定向增发的方式，根据原先确定的业绩目标，以低于股票二级市场的价格授予激励对象一定数量的本公司股票。

具体的授予价格及确定业绩目标的方法，由董事会下设的薪酬与考核委员会负责确定。

（2）业绩奖励型激励模式

在这种限制性股票激励模式中，公司需要支付现金来购买股票。但激励对象达到事前规定的行权条件时，上市公司从净利润或净利润超额部分中按比例提取一定的激励基金，并设置激励基金专门账户，从二级市场购买公司股票，再按照分配方法将该股票授予激励对象。公司为此支付的现金需要从税后利润中列出。

限制性股票是我国上市公司使用最多的股权激励工具，常用于留住对公司具有重大影响的关键人才，而且一般有禁售期。

根据《上市公司股权激励管理办法》第三章规定：

“第十六条　本办法所称限制性股票是指激励对象按照股权激励计划规定的条件，从上市公司获得的一定数量的本公司股票。

第十七条　上市公司授予激励对象限制性股票，应当在股权激励计划中规定激励对象获授股票的业绩条件、禁售期限。

第十八条　上市公司以股票市价为基准确定限制性股票授予价格的，在下列期间内不得向激励对象授予股票：

（一）定期报告公布前30日；

（二）重大交易或重大事项决定过程中至该事项公告后2个交易日；

（三）其他可能影响股价的重大事件发生之日起至公告后2个交易日。”

总之，我们在设计限制性股票激励计划时应该遵守上述各项法律规定。

## 2. 限制性股票的优缺点

| 优点 | 缺点 |
| --- | --- |
| ①有助于公司留住激励对象<br>限制性股票通常会规定具体的工作年限或业绩目标。但公司想要留住某些关键人才时，就会在授予条件中注明具体的年限。如果激励对象在限制性期限内离开公司，获赠的限制性股票就会被没收，拿不到相关的收益。一般情况下，激励对象在权衡利弊后会倾向于在限制性期限内安心留在公司，而不是寻机跳槽<br>②即使股价下跌也有价值<br>限制性股票跟股票期权、股票增值权不同，就算公司的股价下跌，限制性股票也只是价值变小。激励对象在获授限制性股票时，一般不需要支付现金，所以在同等收益水平的前提下，使用限制性股票所需的股份比股票期权模式所需的股份要少一些 | 由于优点②的缘故，可能会出现公司股东收益损失但激励对象仍然能获得收益的现象。这会削弱激励效果 |

## 3. 限制性股票的适用性

我国证监会2006年发布的《上市公司股权激励管理办法》主推限制性股票与股票期权这两种股权激励模式，还各用一章来进行明确的规范。此外，《股权激励有关事项备忘录3号》第五条规定："同时采用股票期权和限制性股票两种激励方式的上市公司，应当聘请独立财务顾问对其方案发表意见。"

相对于股票期权，限制性股票更适合处于成熟期的企业。其股价上涨空间有限，但能规避职业经理人因股票大幅度波动而损失惨重的风险，非常受厌恶风险的激励对象欢迎。限制性股票还能跟其他激励模式搭配使用，根据公司不同发展阶段的需求，或强调业绩目标，或强调留住关键人才。

## 虚拟股票：所有权和收益权分离

虚拟股票是一种“虚拟”的股票。激励对象如果能实现公司的业绩目标，就能享受一定数量的分红权和股价升值收益，但没有所有权和表决权，也不得转让和出售。当激励对象离开公司后，所持的虚拟股票自动失效。这种股权激励模式就是虚拟股票激励模式。

### 1. 虚拟股票类型和特点

虚拟股票只是一种账面上的虚拟股票，它是股权形式的虚拟化，股东权益也因失去了所有权和表决权而不完整，对公司的所有权结构没有影响。公司以无偿赠予或奖励的方式向特定对象发放虚拟股权，激励对象不需要自己出资。由于不涉及股权实际所有权的变化，激励对象可以非常广泛。

根据上市公司和收入方式的不同，我们可以把虚拟股票分为3个类型：

（1）溢价收入型虚拟股票

溢价收入型虚拟股票是上市公司常用的一种虚拟股票。获得这种虚拟股票的人跟公司普通股股东同样享有股票升值的收益。上市公司在期初授予激励对象一定数量的虚拟单位，并以授予股权时的股票二级市场的价格为基准。

假如未来股票的市场价格高于这个基准价格，激励对象就能从虚拟股票溢价中获得收入。但是，当公司的股价下跌到基准价格以下的水平时，激励对象就颗粒无收了。

（2）股利收入型虚拟股票

股利收入型虚拟股票是上市公司常用的另一种虚拟股票。获得这种虚拟股票的人可以跟公司普通股股东同样享有股票分红的权利。上市公司在期初授予激励对象一定数量的虚拟单位，激励对象的收入是到期后其所持虚拟股票的单位乘以公司每年派发的每股红利。

（3）内部价格型虚拟股票

内部价格型虚拟股票是非上市公司常用的一种虚拟股票。非上市公司把虚拟的公司股份奖励给激励对象，股份由虚拟的股票组成并以簿记的方式发给激励对象。

这种虚拟股票的价格由公司或公司聘请的外部顾问咨询机构来确定，通常是一年确定一次。激励对象获得的收益是持有购股权兑现的股数乘以每股虚拟股票的价值升值。

### 2. 虚拟股票的优缺点

| 优点 | 缺点 |
|---|---|
| ①不影响公司的总资本与所有权结构。<br>②能避免因变数造成的公司股价的非正常波动。这避免了公司股票价格因股票市场不可确定因素造成的异常下跌，让虚拟股票给激励对象带来的收益不受影响<br>③虚拟股票激励模式的支付方式很灵活，可以是现金支付，也可以是等值的股票和期权，还可以是股票、期权、现金的组合<br>④虚拟股票激励计划操作比较简单，容易在公司股东大会上得到表决和审核 | ①虚拟股票激励模式兑现激励时需要支出较多的现金<br>②行权条件和抛售时的价格难以确定<br>③激励对象可能出于增加分红的考虑，减少甚至不实施企业资本公积金的积累工作，过于关心公司的短期利益 |

### 3. 虚拟股票激励模式的操作要点

公司在实施虚拟股票激励计划时，应该注意以下操作要点：

（1）预防股票二级市场的风险

假如股票二级市场的波动幅度变大，公司承担的市场风险也会增加，可能因兑付危机而造成损失。比如，今后股价大涨时，公司的激励基金可能无法支付到期应兑现的金额。长期执行虚拟股票激励计划会缺乏足够的资金支持。

（2）确定合理的行权价格

行权价格过高会压缩激励对象的获利空间，导致无人问津。行权价格过低则会让激励对象以外的人感到不公平。我国当前的股市还不够规范，股价波动较大且往往偏离实际价值。国内公司最适合采取现值有利法，即行权价格低于当前股价，激励效果才不至于很糟。

（3）制定合理的考核机制

虚拟股票应该采用净资产收益率还是股价作为考核指标，需要公司认真研究。通常而言，公司的具体财务指标反映的是公司过去的表现，而股票二级市场的表现用于预期上市公司未来的现金流。合理的经营者业绩考核机制应该将二者结合起来考察。

## 股票增值权：无须实际购股，通过股票增值获利

股票增值权即拥有股票“增值”的那部分收益的权利。股票市场价格与约定价格之间的差值，就是所谓的“增值”。激励对象不必实际购买公司的股票，不用为行权支付现金，行权后由公司支付现金、本公司股票或者“股票+现金”组合。也就是说，当公司股价上升时，激励对象可以通过行权来直接获得相应数量的股价增值收益。从这个角度来看，股票增值权是一种选择权，激励对象可以使用股票增值权，也可以放弃。

### 1. 股票增值权与股票期权的区别

股票增值权在上市公司中使用广泛，常与工资、绩效奖金共同构成公司高层管理人员的收入。不少著名的上市公司高层管理人员的工资实际上只占其总收入的25%～35%，大部分收入主要来自于绩效奖金与公司授予的股票期权。

股票增值权与股票期权有不少相通之处。比如，两种激励模式下的激励对象，可以在能获得股票升值收益时继续持股，也可以在股

价下跌时放弃持有股权来减少损失。两种激励模式都是站在公司长远规划的立场上发挥激励作用。

尽管股票增值权与股票期权有不少共同点，但两者在激励标的物的选择与激励对象收益来源上存在根本区别。

| 股权类型 | 激励标的物的区别 | 激励对象收益来源的区别 |
| --- | --- | --- |
| 股票增值权 | 股票增值权模式的激励标的物是股票二级市场股价与激励对象行权价格之间的差异的增值收益，激励对象并不能获得完整的公司股东的权益 | 股票增值权模式采取“公司请客，公司埋单”的方式，激励对象的收益主要由公司用现金进行支付。这种激励模式的实质是公司奖金的延期支付 |
| 股票期权 | 股票期权模式的激励标的物是公司的股票，激励对象在行权后可以获得完整的股东权益 | 股票期权模式采取“公司请客，市场埋单”的方式，激励对象获得的收益是由市场来支付的 |

除此之外，股票期权在行权时需要先购入约定数量的股票，在出售股票之后才能获利。而股票增值权在行权时获得的是实际股价与行权价格之间的差价。

### 2. 股票增值权激励模式的优缺点

（1）优点

①激励对象实际上没有股票的所有权，自然也就不能享有股东的表决权、配股权、不被稀释权。这种激励方式能确保企业所有者不失去对公司的控制权，同时也让现有股东的权益不被稀释。

②股票增值权激励模式通过“公司请客，市场埋单”的方式把激励对象的利益和公司长期利益结合在一起。而且股票增值权的行权周期通常会超过激励对象的任期，有助于减少激励对象的短期行为。

③激励对象不需要现金支出，负担比较轻。

④操作流程简单，经股东大会审核批准即可执行。

⑤支付方式灵活，可以使用现金支付、股票支付，或者“现金+股票”的组合支付方式。

（2）缺点

①由于资本市场的弱有效性，股票市场价格与激励对象在公司的业绩关联不大，不足以促进激励对象实现公司的业绩目标。

②股票增值权激励模式会给公司带来较大的现金流压力。

### 3. 股票增值权激励模式的授予流程

股票增值权激励模式的授予流程如下：

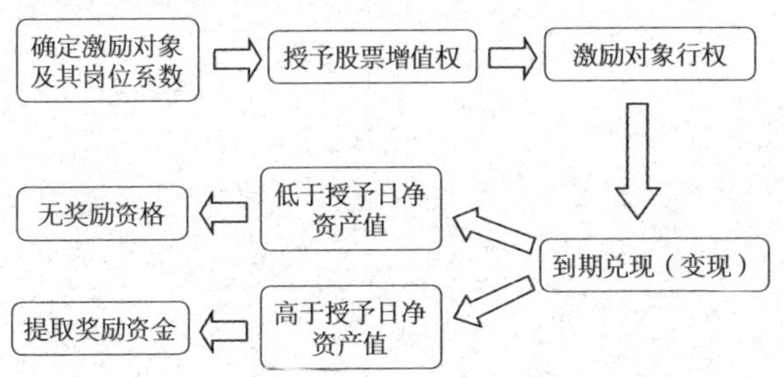


由上图可知，当公司授予的股票增值权的股价低于授予日净资产值时，激励对象就失去了激励资格。只有在股票增值权的股价高于

授予日净资产值时，激励对象才能获得收益。

总体来看，股票增值权更适合非上市公司，或者股权激励计划可得股票数量比较有限的公司，以及实施实际股权激励会对企业所有权造成较大稀释的公司。此外，考虑到股权增值权带来的现金压力较大，那些发展稳定、现金流充足的公司更适合采取这种股权激励模式。

## 业绩股票：业绩指标决定收益水平

当我国企业从20世纪90年代开始引进股权激励制度时，最先得到推广的是业绩股票模式。业绩股票最大的特征是收益水平完全取决于业绩指标的完成度。在这种激励模式下，工作业绩主导一切，不涉及股市风险等不可控因素。无论对激励对象、股东还是公司，业绩股票模式都是一种不错的激励工具。

### 1. 业绩股票激励模式的性质

业绩股票模式主要有以下4个特征：

（1）直接与当年利润挂钩

公司高级管理人员的年度激励奖金以公司当年的经营业绩（即利润水平）直接挂钩，跟当年的净资产收益率联系紧密。公司每年都根据每个高级管理人员的具体表现来提取一定的奖励基金。这是业绩股票的执行依据。

（2）绕开了股票期权的法律障碍

公司提取的奖励基金，来源是按照当时的市价从股票二级市场购买本公司的股票。这种操作方式绕开了《中华人民共和国公司法》中对股票期权的限制。

（3）行权时间有一定的限制

激励对象持有的本公司股票在行权时间上均有一定的限制。

（4）购股有一定的强制性

激励对象的激励奖金从一开始就部分甚至全部转化为本公司的股票。也就是说，业绩股票模式在购股方式上带有一定的强制性。

### 2. 业绩股票的优缺点

| 优点 | 缺点 |
|---|---|
| ①能让激励对象（公司管理层）努力实现业绩目标。为了获得股票形式的收益，激励对象会千方百计地完成公司预定的业绩目标，争取通过获得业绩股票来成为公司的股东。当高级管理人员成为股东后，跟原股东在提高公司股价上有着更多的共同利益<br>②业绩股票的约束作用较强。激励对象是以完成一定的业绩目标为奖励前提的，而且收益是在未来逐步兑现。假如激励对象出现未能通过年度考核，做出有损公司利益的行为，或者非正常调离的情况，将受到风险抵押金的处罚，或者被取消激励股票。较高的退出成本让激励对象不敢疏忽大意<br>③业绩股票可以每年实行一次，实现滚动循环式激励，激励效果较为显著，激励范围也有较大的弹性<br>④业绩股票模式既符合我国现有的法律法规，也符合国际惯例。其操作流程比较规范，实施成本较低，一般只要公司股东大会通过即可实行。国内不少上市公司都有成熟的业绩股票激励方案可以借鉴<br>⑤对于股东来说，业绩股票模式的权、责、利之间的对称关系刚好合适，能实现原股东与激励对象的双赢，更容易在股东大会上得到表决通过 | ①公司很难保证自己设置的业绩指标科学合理，容易导致把持公司经营权的激励对象为获得业绩股票而弄虚作假<br>②业绩股票模式的实施成本较低，但激励成本较高，可能会给公司带来较大的现金支付压力 |

### 3. 业绩股票的操作要点

业绩股票模式只对公司的业绩指标进行考核，而不要求股价上涨。如果激励的范围和力度过大，公司的现金流压力就会增加，激励成本的上升会导致公司和股东的实际收益不足。所以，业绩股票模式比较适合那些业绩稳定、现金流量充足、希望进一步提升业绩的上市公司，以及上市公司的集团公司、子公司。为了让这种易于操作、法规政策限制较少的股权激励方案充分发挥作用，我们在设计业绩股票激励计划时应该注意以下几点：

**（1）在年初明确业绩目标和激励额度**

公司应该在每年年初给激励对象确定一个比较合理可行的业绩目标，以及与该目标相称的股票授予数量或者激励基金提取额度。假如激励对象在未来的若干年内成功通过业绩考核，公司就奖励一定数量的激励股票，或者提取部分奖励基金代替激励对象购买约定数量的本公司股票。

**（2）明确业绩股票的期限**

业绩股票的期限通常是3～5年。

**（3）设置禁售期**

业绩股票一般要设置禁售期。当激励对象是董事会成员或高级管理人员时，其所获业绩股票只有在离职6～12个月之后才能出售；当激励对象是核心骨干员工时，禁售期通常会设为3年。

**（4）明确限制条件**

业绩股票模式应该有严格的限制条件。当激励对象的业绩没达到目标要求，或者出现业绩股票合同中约定的有损公司的行为或者自行辞职等情况时，公司有权取消其尚未兑现的业绩股票。

**（5）设置风险抵押金**

部分公司在实施业绩股票激励计划时会设置风险抵押金，达不到业绩考核指标的激励对象非但拿不到业绩股票，反而可能得到相应的处罚。

## 干股：只能分红，不可转让

股权激励的产生是为了解决企业所有权和经营权分离带来的矛盾冲突。很多企业所有者怕失去对公司的控制权，舍不得给提升公司业绩和品牌影响力的功臣股份。但这样一来，容易挫伤经营管理者和骨干员工的积极性。于是股权激励制度中出现了“干股”这种特殊的激励模式。

### 1. 干股激励模式的特点

干股指的是激励对象没有出资就能获得公司股份的“权利”。不过，干股持有者只能按照持股数量来参与公司分红，并无其他股东的权利。也就是说，激励对象仅有分红权而没有所有权，不能像注册股持有者那样参与股东大会的表决和处置。二者区别见下表。

| 干股 | 注册股 |
| --- | --- |
| 分红权 | ①参与公司经营<br>②参与公司重大决策<br>③选择企业经营者<br>④分红权 |

由此可见，无论激励对象持有多少干股，都不会动摇企业所有者对公司的控制权。所以，这种激励模式在我国私企中比较流行。干股虽然给激励对象带来的收益相对较少，但跟简单的增加工资相比，激励效果更好。干股和工资的区别如下表：

| 干股 | 工资 |
| --- | --- |
| ①对公司抱有主人翁心态<br>②目光着眼于未来<br>③项目成本控制意识更好<br>④关注公司全局发展 | ①觉得自己不过是为别人作嫁衣的“打工仔”<br>②只关心过去的成绩<br>③只关注工作内容本身<br>④只关心部门的局部利益 |

因此，不愿跟核心人才分享太多公司控制权的企业所有者，可以选择干股作为股权激励计划的主要工具。

需要明确的是，老板给骨干员工的干股，可以变更股权手续，也可以不变更。假如变更股权手续，干股就成了真正意义上的股份，受到国家相关法律的保护。而没有变更手续的干股，一旦遇到公司破产或员工非正常离职时，权益就会随之消失。

### 2. 干股的类型和注意事项

#### （1）干股的类型

干股的基本种类如下：

• 权力干股：公司或者股东无偿赠予掌握某项公共权力的人的股份。

● 管理干股：公司或者股东无偿赠予公司管理人员的股份。

● 技术干股：公司或者股东无偿赠予公司技术骨干或者掌握某种技术诀窍的人才的股份。

● 信息干股：公司或者股东无偿赠予那些为公司提供市场信息的人的股份。

● 员工干股：公司无偿赠予公司员工的股份。

● 亲友干股：公司股东无偿赠予其亲友的股份。

以上6种干股都是由公司或股东无偿赠予某类对公司有重要影响或者其他相关方。在实施干股激励时，要认真对待一些隐藏的风险。

**（2）干股激励的6个问题**

● 干股本身不在薪酬体系当中，如果盲目赠予激励对象权力，容易引发员工的不满情绪，影响其工作积极性。

● 干股对激励对象的上升渠道及行权期限缺乏明确的回答，这会让员工担心公司不能兑现承诺。从长远来看，员工因此产生的不安全感会削弱激励效果。

● 干股没有明确的收回条件，员工的工作动力不足，积极性难以长久保持。

● 假如公司不能及时按照协议约定进行分红，比如在公司业绩不佳时减少或停止分红，会让激励对象对公司失去信心。

● 干股往往只是用口头承诺或简单的书面协议作保证，这让许多本该明确的约束性条款模糊不清，埋下了引发劳资纠纷的隐患。

● 干股不影响企业所有者的控制权，但也因此跟企业文化脱节，仅仅是纯粹的物质激励。实施干股未必能提高激励对象的积极性和忠诚度，但停止分红肯定会令其心生不满。

### 3. 干股的基本操作办法

干股的基本操作办法是围绕着“分给谁”和“分什么”两个核心问题层层展开的，具体执行环节如下：

| 步骤 | 备注 |
|---|---|
| （1）确定激励对象 | |
| （2）确定激励模式 | ①存量分红<br>②增量分红<br>③存量分红+增量分红 |
| （3）确定激励力度 | |
| （4）确定兑付方式 | ①现金<br>②现金+虚拟股<br>③现金+消费性资产<br>④现金+福利计划 |
| （5）确定激励机制 | ①设计考核标准<br>②设置行权条件<br>③规范激励管控制度 |
| （6）确定退出机制 | ①主动离职<br>②被动离职 |
| （7）签署干股激励协议 | ①分红协议<br>②保密协议<br>③股东会决议<br>④规章制度<br>⑤薪酬制度 |

## 员工持股计划：最令普通员工期待的福利

股权激励方案主要针对管理层和核心技术骨干，对普通员工没有太多实质的激励。为了解决这个问题，某些企业推出了员工持股计划（ESOP）。比如，多次获得世界500强首席的沃尔玛，就是员工持股计划的典范。员工持股计划通过给员工配发本公司股票和期权而使其成为公司股东，享有相应的管理权。操作方式一般是由员工出资认购公司部分股权，并委托职工持股会来管理。职工持股会代表持股员工进入董事会，参与对公司大事的表决和分红。

### 1. 员工持股计划的类型

员工持股计划分为两个基本类型：非杠杆型和杠杆型。

非杠杆型员工持股计划指的是公司每年给该计划贡献一定数额的股票或购股现金。这个数额通常为激励对象的工资总额的25%。实施这种计划的要点如下：

- 员工不支出费用，由公司每年向该计划的激励对象提供股票或用于购股的现金。

● 由员工持股信托基金会实际持有员工的股票，并定期向员工通报股票数额及其价值。

● 当员工退休或因故离开公司时，公司将根据工作年限或其他规定授予该员工相应数额的股权或现金。

杠杆型员工持股计划主要由信贷杠杆来实现。这种模式需要先成立一个员工持股信托基金会，由公司做担保，让该基金会出面以实施员工持股计划的名义向银行贷款购买公司股东中的部分股票。

这些股票由信托基金会管理，并以由此分得公司的利润及由公司其他福利计划转来的资金来规划银行贷款的利息和本金。随着贷款的归还，按照事前确定的比例把股票逐步转入员工账户。当贷款全部还清时，员工就获得了所购股票的完整股权。实施这种计划的要点如下：

● 银行贷款给公司，再由公司借款给员工持股信托基金会。

● 可以由公司做担保，由银行直接贷款给员工持股信托基金会。

● 信托基金会通过借款从公司或股票持有者手中购入股票。

● 公司每年向信托基金会提供一定的免税的贡献份额。

● 信托基金会每年从公司获得的利润以及其他资金，用于归还公司或银行的贷款。

● 当员工退休或离开公司时，按照一定条件取得股票或现金。

### 2. 员工持股计划操作流程

员工持股计划的基本操作流程如下：

（1）研究员工持股计划的可行性

需要研究的内容包括员工持股计划是否被政策允许、评价公司预期的激励效果、配套的财务计划、股东们是否支持该计划，等等。

（2）全面评估企业价值

员工持股计划会改变企业的所有权结构。对于员工和企业来说，公正合理的价值评估是非常必要的。假如企业价值被高估，员工会觉得持股计划不划算；假如企业价值被低估，企业所有者的利益会受到损害。

（3）制订计划

员工持股计划的制订工作涉及了多个部门的利益，不仅需要各部门精诚合作，还应该聘请专业咨询顾问机构来参与制订计划。尤其是管理、财务、法律等领域的专家，是制订员工持股计划必不可缺的力量。如果没有第三方专业力量的参与，员工持股计划容易出现重大漏洞。

（4）确定员工持股的份额与分配比例

员工持股比例不仅要发挥激励员工的作用，还不能损害企业和现有股东的利益。而且，当企业发展到新阶段时，员工持股比例也应该做出相应的调整。

（5）确定员工持股的管理机构

发达国家更多是委托外部的信托机构、基金管理机构来管理员工持股信托。我国企业的工会组织也可以充当员工持股的管理机构，更好地履行工会职能。

（6）筹集计划所需的资金

员工持股计划的主要资金来源包括金融机构的贷款和员工自有资金（由企业提供部分低息借款）。前者是外国企业的主流做法，后者在我国目前的市场环境中比较常见。

（7）制订详细的计划实施章程

员工持股计划章程应该对计划的原则、参加者的资格、管理机构、财务制度、分配办法、员工责任和义务、股份的回购等内容做出明确而详细的规定。

（8）申请审批

国有企业的员工持股计划需要通过集团公司、体改办、国资管理部门等部门审批通过。上市公司也需要股东大会表决通过。所以，制作审批材料，走完审批程序，都是必须做好的准备工作。

### 3. 员工持股纠纷诉讼问题

由于各地区经济发展水平不同，再加上我国尚无统一的员工持股法律依据，不少企业在推行员工持股计划时可能会遇到很多纠纷，甚至引发法律诉讼。对于纠纷诉讼的根源，我们不能不引起足够的重视。员工持股纠纷诉讼产生的原因主要有：

（1）相关法律法规不够健全

我国法律法规对股权激励相关内容还缺乏明确而统一的规范。在实际操作中，大部分企业的职工持股会既没有统一的形式和规章，仅缺少明确的法律依据。

（2）职工持股会操作不规范

大部分企业采取职工持股会形式，让参与激励计划的员工通过职工持股会间接持有公司股份。但很多公司对职工持股会的定位模糊，职工持股会与公司、员工之间的责任、权利、义务缺乏明确的界定，从而无法有效保障员工的权益。

（3）员工持股平均化与强制化

部分公司违背了“投资自愿”的原则，强迫员工出资购买公司股份，将其作为公司资本的补充，还把安置费或经济补偿金等款项强制转化为员工投资来入股。

（4）员工持股形式化

部分公司没有结合自身情况就盲目推行员工持股计划，却没有把股权量化到员工个人，造成了公司内部股权结构的混乱。持股员工的利益自然也就无从保障。

（5）退出机制不能平衡利益

很多公司制订的员工持股计划缺少与员工发生劳动纠纷后的退出机制。退出机制的欠缺导致持股员工利益不平衡，很容易让企业陷入股权纠纷。

（6）员工持股比例不合理

假如员工持股比例过大，会让公司股权结构失衡；若是员工持股比例太小，根本起不到激励作用。两种情况都很容易引发员工与企业之间的股权矛盾。

（7）员工持股的外部化

大部分公司都规定了员工持股与股权激励仅限于本公司员工持

股，禁止转让流通。但部分员工把所持股份私下转让到公司外部。这就违背了公司推行股权激励的初衷。

（8）员工持股与股权激励隐名化

部分企业没采用职工股权会的形式，而是由公司领导、股东代表受托在工商部门登记股权。这就使得大部分委托股东成为隐名投资行为，一旦股东代表失去监管或不能正常履行职责，委托股东的权益就难以获得保障。

（9）员工持股资金空心化

持股员工缺乏自有资金，国家又没有明确的规定，导致股权购买环节混乱无序，从而引发纠纷。

（10）无视持股员工的股东权利

由于员工持股数额较少，很难真正享有知情权和管理公司的权利。这导致持股员工无法正常享受股东权利，自身权益也时常受到侵害。

总之，员工持股计划是让普通员工最为期待的福利，但想要用好这种股权激励工具，还有很多工作要做。形同虚设的员工持股计划起不到激励作用，而且容易引发员工持股纠纷诉讼问题，这些都值得我们注意。

# 第四章

# 掌握股权激励的关键要素

设计股权激励制度，不能一味照搬其他公司的现成模板。每个公司的内部环境与外部资源差异极大。如果只是机械模仿的话，容易导致“画虎不成反类犬”的结果。股权激励包含了8个关键要素，我们必须充分掌握这8个关键要素，并认真检查自己当前的激励措施是否到位，考察其他公司的成功经验哪些地方真正适合我们。

## 挑对象：找准公司应当激励的人

企业施行股权激励的出发点是把激励对象与企业的长远利益捆绑在一起，提高激励对象的工作积极性，最终实现个人与企业的双赢。找出公司应当激励的人，是股权激励计划的起点。不同企业的激励对象各有差异，但在基本思路上殊途同归。我们可以从以下方面着手。

### 1. 确定激励对象的选择范围

股权激励对象的选择既要符合企业运营管理规律，又要遵循国家的法律法规。从原则上来说，任何对公司的发展起关键作用的人都是潜在的股权激励对象。

《上市公司股权激励管理办法》第八条规定："激励对象可以包括上市公司的董事、高级管理人员、核心技术人员或者核心业务人员，以及公司认为应当激励的对公司经营业绩和未来发展有直接影响的其他员工。在境内工作的外籍员工任职上市公司董事、高级管理人员、核心技术人员或者核心业务人员的，可以成为激励对象。"非上市公司在法律法规上的限制较小，但激励对象的选择范围大同小异。

需要注意的是，根据《上市公司股权激励管理办法》第八条的规定，以下人员不能成为上市公司的股权激励对象：

- 独立董事和监事。
- 单独或合计持有上市公司5%以上股份的股东或实际控制人及其配偶、父母、子女，不得成为激励对象。
- 最近12个月内被证券交易所认定为不适当人选。
- 最近12个月内被中国证监会及其派出机构认定为不适当人选。
- 最近12个月内因重大违法违规行为被中国证监会及其派出机构行政处罚或者采取市场禁入措施的人。
- 具有《公司法》规定的不得担任公司董事、高级管理人员情形的人。
- 法律法规规定不得参与上市公司股权激励的人。
- 中国证监会认定的其他情形的不适当人选。

此外，《股权激励有关事项备忘录1号》规定：

“二、主要股东、实际控制人成为激励对象问题

持股5%以上的主要股东或实际控制人原则上不得成为激励对象。除非经股东大会表决通过，且股东大会对该事项进行投票表决时，关联股东须回避表决。

持股5%以上的主要股东或实际控制人的配偶及直系近亲属若符合成为激励对象的条件，可以成为激励对象，但其所获授权益应关注是否与其所任职务相匹配。同时股东大会对该事项进行投票表决时，关联股东须回避表决。”

《股权激励有关事项备忘录2号》规定：

“一、激励对象问题

1．上市公司监事会应当对激励对象名单予以核实，并将核实情况在股东大会上予以说明。为确保上市公司监事独立性，充分发挥其监督作用，上市公司监事不得成为股权激励对象。

2．为充分发挥市场和社会监督作用，公司对外披露股权激励计划草案时，除预留部分外，激励对象为董事、高级管理人员的，须披露其姓名、职务、获授数量。除董事、高级管理人员外的其他激励对象，须通过证券交易所网站披露其姓名、职务。同时，公司须发布公告，提示投资者关注证券交易所网站披露内容。预留股份激励对象经董事会确认后，须参照上述要求进行披露。”

如果企业的股权激励计划违反上述规定，都是不合法的。

### 2．选择激励对象的原则

我们在确定股权激励对象范围的时候，应该注意两个问题：一个是不要把股权激励当成全民福利，另一个是只把股权激励授予极少数高层管理者。前者属于滥赏行为，降低了股权激励给激励对象带来的荣誉感；后者属于不公平行为，让对公司贡献很大的中层管理者和技术、业务骨干员工感到心凉。

为此，企业在选择激励对象时应当遵循以下原则：

（1）不可代替性原则

企业规模再大，可以授予的股权也是有限的。股权激励计划是一种中长期激励措施，针对的是核心员工。因此，我们在选择激励对象时应该遵循不可代替性原则。所谓不可代替的核心员工，是指培养成本很高或者在人才市场中很难找到的优秀人才。对这样的核心员工必须加强激励力度，让他心甘情愿地为公司长期服务。

（2）未来价值原则

股权激励和其他的薪酬激励措施不同。其他的薪酬激励主要是褒奖激励对象已经做出的成绩，衡量标准以员工的历史贡献为主。股权激励虽然也考虑历史贡献，但更多是立足于员工未来对公司发展的价值，衡量标准以员工的成长性为主。也就是说，股权激励计划不仅要留住当前的各种核心员工，还要为公司今后所需的某类人才预留一些股权激励份额。

（3）公平原则

股权激励不是发节日员工福利，不能搞平均主义，但也要讲公平。董事会在确定股权激励对象时必须以公平公正原则对待每一位员工。所有达到了公司要求的员工，公司都应该被一视同仁地对待，在同等条件下给予同等的待遇，不可凭个人喜好来区别对待。否则的话，员工之间会产生对立情绪，团队内部冲突不断，影响公司的稳定和团结。

（4）综合考察原则

单纯以业绩指标来确定核心员工是有失偏颇的。我们应该综合考察员工的职位、工龄、绩效、能力四个方面。通常而言，职位高、工龄长、绩效好、能力强的员工都是公司的顶梁柱，需要优先给予足够的股权激励，确保其工作积极性以及对公司的忠诚。在这四个方面有个别指标不突出的员工，也是公司重点培养的对象，应该授予一定的股权激励。

### 3. 选择激励对象的常用策略

公司在不同发展阶段对人才的需求也有所区别。我们在确定股权激励对象时应该因时而变，让股权激励计划与公司各阶段的发展重心相匹配。以下四个阶段是企业发展的股权激励对象选择策略：

**（1）初创期**

初创期的企业规模较小、实力较弱、管理和决策比较简单、制度尚未健全，主要任务是快速研发产品抢占市场。技术人才是公司的支柱，管理和市场营销工作往往也由他们兼做。此时的股权激励对象应该以技术人才为主，尤其是掌握核心技术的领军人物与对公司贡献很大的技术骨干。

**（2）发展期**

发展期的企业已经初步完成了团队建设和制度建设。随着企业规模的不断扩大，管理人才和市场营销人才的作用越来越突出，与技术人才并称公司的“三驾马车”。本阶段的股权激励对象应从三类人才的佼佼者中挑选，不能只激励某一类人才。

**（3）成熟期**

成熟期的企业具备大规模生产能力，建立了完善的治理结构和销售网络，人才队伍稳定，管理方式复杂，但发展速度不如发展期那么迅猛，而是趋于平稳、缓慢的节奏。这时候，高层管理人才和新技术的研发人才在公司中发挥的作用最为关键。他们是本阶段的主要股权激励对象。

**（4）衰退期**

当企业进入衰退期，股权激励已经很难促进企业发展了。原有的技术和产品被市场淘汰，人才大量流失。假如公司能找准新方向，改变落后的商业模式，完成痛苦的升级转型，还有一线生机。此时的股权激励重心是那些愿意与公司共进退的管理人才和新项目的研发人员。因为他们是企业起死回生的关键人物。

总之，确定激励对象是股权激励计划的第一步。一旦出现激励对象选择不当的问题，无论采取什么样的股权激励模式，都会让员工觉得不公平、不合理，对公司感到寒心。这样就会导致股权激励计划起反效果。

## 选模式：选择合理的股权激励办法

在企业确定激励对象后，当务之急是选择合适的股权激励模式。每一种股权激励模式的特点各异，在风险、激励力度、长期受益水平、权利责任、贴息优惠、投入资金的时间点等方面均有不同。各种股权激励模式的适用范围存在较大差异，具体区别如下：

### 1. 股票期权

| | |
|---|---|
| 优点 | ①高度绑定激励对象<br>②锁定激励对象风险<br>③只要激励对象不行权，就不会有任何损失<br>④利于公司降低激励成本<br>⑤激励力度较大 |
| 缺点 | ①太依赖股票市场的有效性<br>②激励对象可能会有不考虑长远利益的短期行为<br>③会拉大激励对象和其他员工的收入差距 |
| 短期激励收益 | ★ |
| 长期激励收益 | ★★★★★ |
| 对激励对象的约束性 | ★★★ |

（续表）

| 给公司带来的现金流压力 | ★★★ |
|---|---|
| 市场风险影响 | ★★★★★ |
| 适用范围 | ①市场有效性较好的公司<br>②人力资本依附性较强，处于创业期和快速成长期的新三板公司 |

## 2. 期股

| 优点 | ①需要有偿购买，提高了对激励对象的约束力度<br>②具备股票期权的所有优点 |
|---|---|
| 缺点 | 需要出资购买，行权有强制性，导致激励对象的风险增加 |
| 短期激励收益 | ★ |
| 长期激励收益 | ★★★★★ |
| 对激励对象的约束性 | ★★★★★ |
| 给公司带来的现金流压力 | ★ |
| 市场风险影响 | ★ |
| 适用范围 | 人力资本依附性较强，处于创业期和快速成长期的新三板公司 |

## 3. 业绩股票

| 优点 | ①能促使激励对象努力完成业绩指标，实现股东与激励对象的双赢<br>②避开了市场有效性的影响 |
|---|---|
| 缺点 | ①制定的业绩指标可能存在漏洞，这容易导致激励对象弄虚作假<br>②对上市公司来说，激励成本较高，有现金支出的压力 |

（续表）

| 短期激励收益 | ★★★★★ |
|---|---|
| 长期激励收益 | ★★★★ |
| 对激励对象的约束性 | ★★★ |
| 给公司带来的现金流压力 | ★★★ |
| 市场风险影响 | ★★★ |
| 适用范围 | ①业绩稳定的，处于成长期后期和成熟期的上市公司<br>②业绩稳定的，处于成长期后期和成熟期的新三板公司 |

### 4. 干股

| 优点 | 简单直观，操作方便 |
|---|---|
| 缺点 | ①业绩股票的科学确定不易做到，给公司带来的现金流压力较大<br>②不是真正的股份，激励和约束效果不如业绩股票 |
| 短期激励收益 | ★★★★★ |
| 长期激励收益 | ★ |
| 对激励对象的约束性 | ★ |
| 给公司带来的现金流压力 | ★★★★★ |
| 市场风险影响 | ★ |
| 适用范围 | ①业绩稳定且现金流状况较好的上市公司<br>②业绩稳定且现金流状况较好的新三板公司 |

### 5. 限制性股票

| 优点 | ①低价获得，甚至有可能是免费获得<br>②激励力度大<br>③约束力较强 |
|---|---|

（续表）

| | |
|---|---|
| 缺点 | ①会促使激励对象放弃对高风险、高回报项目的投资<br>②业绩股票的科学确定不易做到 |
| 短期激励收益 | ★★ |
| 长期激励收益 | ★★★★★ |
| 对激励对象的约束性 | ★★★★★ |
| 给公司带来的现金流压力 | ★ |
| 市场风险影响 | ★★★ |
| 适用范围 | ①以关键人才为激励对象和实施金色降落伞计划的上市公司<br>②以关键人才为激励对象和实施金色降落伞计划的新三板公司 |

### 6. 虚拟股票

| | |
|---|---|
| 优点 | ①不影响企业的所有权分布和控制权安排<br>②只需股东大会通过即可，不需要证监会批准<br>③激励性和约束性都强于干股<br>④激励对象的选择范围更广 |
| 缺点 | ①激励对象只想着多多分红，过分关注公司的短期利益，而不考虑长远利益<br>②公司的现金支付压力较大 |
| 短期激励收益 | ★★★★★ |
| 长期激励收益 | ★★★ |
| 对激励对象的约束性 | ★★ |
| 给公司带来的现金流压力 | ★★★★★ |
| 市场风险影响 | ★★ |
| 适用范围 | ①现金流比较充裕的上市公司<br>②现金流比较充裕的新三板公司 |

### 7. 股票增值权

| 优点 | ①无须激励对象现金支出<br>②审批程序简单 |
| --- | --- |
| 缺点 | ①对资本市场的依赖性较强<br>②可能导致激励对象操纵现行股价等行为<br>③公司的现金支付压力较大 |
| 短期激励收益 | ★ |
| 长期激励收益 | ★★★ |
| 对激励对象的约束性 | ★★★ |
| 给公司带来的现金流压力 | ★★★★★ |
| 市场风险影响 | ★★★★★ |
| 适用范围 | ①现金流量比较充裕的上市公司<br>②现金流量比较充裕的新三板公司。 |

### 8. 员工持股计划

| 优点 | ①利于增强企业的凝聚力<br>②是国有法人股减持的有效通道<br>③可用于抵御恶意收购<br>④具有普通福利的功效<br>⑤能解决高层管理者与员工收入不平衡问题 |
| --- | --- |
| 缺点 | ①股权过于分散<br>②激励力度不足 |
| 短期激励收益 | ★★★ |
| 长期激励收益 | ★★★ |
| 对激励对象的约束性 | ★★★ |
| 给公司带来的现金流压力 | ★ |
| 市场风险影响 | ★★★ |

（续表）

| | |
|---|---|
| 适用范围 | ①国有企业进行“国进民退”改制的时候<br>②解决高层管理者施行股权激励带来的高层管理人员与员工收入差距过大的弊端 |

## 9. 延迟支付

| | |
|---|---|
| 优点 | ①锁定时间长，减少了激励对象的短期行为，利于长期激励和留住人才<br>②可操作性强<br>③应用前景广泛 |
| 缺点 | ①激励力度比较弱<br>②股票二级市场具有不确定性，激励对象难以及时变现薪酬<br>③如果采用现金支付方式，公司有现金流压力 |
| 短期激励收益 | ★★★ |
| 长期激励收益 | ★★★★★ |
| 对激励对象的约束性 | ★★★★ |
| 给公司带来的现金流压力 | ★★★★ |
| 市场风险影响 | ★★★ |
| 适用范围 | ①业绩稳定的上市公司<br>②业绩稳定的新三板公司 |

理想的股权激励模式是短期激励、长期激励，对激励对象的约束性都较强，且对公司现金流压力不大，受股票市场风险影响较小。但通过上述内容可知，没有一个股权激励模式能同时满足这些要求。所以，我们在制订股权激励计划时必须结合各种方案的适用范围来选择，找出最符合企业当前发展需要的激励模式。

## 立制度：股权激励需要有效管控

股权激励对象的行为直接影响到公司股东的切身利益。他们的行动受自身利益需求与公司制度环境的双重影响。股权激励计划需要各种配套制度提供保障，否则无法确保激励对象按照公司希望的方向努力。因此，我们在确定激励对象和激励模式后，应该立即着手配套制度的建设工作。

### 1. 股权激励计划需要满足四个机制

健全的股权激励计划应该满足以下四个机制的要求：

**（1）市场选择机制**

市场选择机制对人才的行为提供了长期的约束和引导。在充分的市场选择机制下，能力不强、素质不高、人品不好的职业经理人会被市场淘汰。企业可以择优选择可靠的高端人才作为股权激励对象，减少因个人素质造成的道德风险。

**（2）市场评价机制**

在股权激励计划中，选择激励对象、确定合理的股权激励数额、制定合理的绩效考核指标等，都离不开市场评价机制。市场评价机制把统一市场环境中与公司评估项目相似且有可比性的参照对象进行对比，从而评估出该项目的相对市场价值。构建客观有效的市场评估机制，有助于股权激励计划的贯彻落实。

（3）约束机制

约束机制是公司股东对股权激励对象采取的必要的监控和制衡，其核心精神是让企业经营者的行为与股东价值最大化目标保持一致。法律法规、国家政策、公司规定、公司管理系统等，都是约束机制的一部分。约束机制是公司健康发展的保障。不同企业会根据公司股权的分散程度、所有者与经营者掌握的信息、股东的性质等因素来设定自己的约束机制。

（4）综合激励机制

股权激励计划需要综合激励机制做后盾。综合激励机制通过工资、奖金、升职、培训、良好的工作环境等多种手段对行权者进行科学引导。不同的激励措施组合会产生不一样的效果。公司制定综合激励机制时应该根据股权激励数量和公司现金流压力来调整组合方式。

### 2. 确定业绩考核机制

要想实现激励对象、公司、控股股东的共赢，科学合理的业绩考核机制是必不可少的。从某种意义上说，确定业绩考核机制是公司设计股权激励方案时的根本问题。业绩考核机制主要包括业绩考核指标、企业业绩标准、业绩评价方法和业绩考核基准。

**业绩考核指标模板**

| 项目 | 战略项目 | 常用指标 |
| --- | --- | --- |
| 财务 | 股东价值持续增长 | ①经济增加值（EVA）<br>②每股盈余<br>③股票价格<br>④市盈率<br>⑤价格/收入比（同行业对比）<br>⑥净利润增长率（同行业对比）<br>⑦净资产收益率（同行业对比）<br>⑧总资产收益率（同行业对比）<br>⑨投资回报率（同行业对比） |
| | 资产运营 | ①流动资产周转率<br>②应收账款周转率<br>③净现金流量 |
| | 偿债能力 | ①资产负债率<br>②速动比率<br>③流动比率 |
| 股东与客户 | 与董事会的关系 | 董事会对关系的评估 |
| | 与股东的关系 | ①与股东的会议次数<br>②股东满意度 |
| | 增加客户价值 | ①市场占有率<br>②顾客满意度<br>③销售增长率 |
| 流程管理 | 制定战略 | 了解公司战略的员工的百分比 |
| | 监控财务业绩 | 盈利等级的质量 |
| | 业绩管理流程 | ①员工目标与公司战略衔接的百分比<br>②员工激励与公司战略衔接的百分比 |
| | 风险管理流程 | ①流程质量（外部审计）<br>②风险事件处理率 |

（续表）

| 项目 | 战略项目 | 常用指标 |
| --- | --- | --- |
| 学习和成长 | 确保技术支持 | ①研发投入与销售额之比（同行业对比）<br>②专利数量<br>③被采用的专利数量<br>④新产品开发周期 |
| | 确保人力资源准备度 | ①关键岗位的人力资源准备度<br>②关键岗位实施继任计划的百分比<br>③关键员工的流失率 |
| | 发展企业文化 | ①员工满意度调查<br>②员工培训投入与销售额之比（同行业对比）<br>③员工的收入增长率 |

在明确业绩考核指标后，我们要确定业绩的上限和下限，根据历史绝对业绩和同行业的相对业绩对激励对象进行综合评价。业绩考核基准应该包括个人绩效、部门绩效、公司绩效，并根据不同的激励对象采用不同的激励基准。

### 3. 股权激励机制的调整

股权激励计划不是一成不变的，当公司情况发生变化时，必须做出相应的调整。我们主要考虑的是以下三个方面的调整。

**（1）正常股份变动时的调整**

当公司由于标的股票除权、除息或者其他原因要调整行权价格或者股权数量时，应该按照股权激励计划规定的方式进行调整。公司如果遇到需要调整行权价格或者股权数量的情况，应该由董事会做出决议，并通过股东大会的审议和批准。作为公司股权激励顾问机构的律师事务所应该就上述调整的合法性向董事会出具专业意见。常用的调整方法有：

- 送股和转赠股本。
- 配股。
- 增发新股。
- 派发现金股利。
- 换股。

**（2）公司发生重大行为时的调整**

所谓重大行为，指的是公司在生产经验过程中可能出现并购、控制权发生变化等情形。实施股权激励的公司应该在遇到此类情形调整股权激励计划。需要注意的主要有以下几个方面：

- 发生并购时确定是否需要调整股权授予的时间。
- 控制权变化时，一般做法是在控制权正式变化之前做出调整，未行权部分立即行权。
- 资本变动时，尚未行权的股权应该在行权价格和行权方法上做出调整，应当确保激励对象在全面行使股权所应付的总行权价不高于调整前的价格。

**（3）激励对象出现变化时的调整**

- 当激励对象不符合资格时，会丧失被激励的主体资格，持有的股权也将被终止。
- 当员工结束跟公司的雇佣关系或者公司控股权发生变化时，原激励对象的股权可能会提前失效。
- 公司退休员工享有离职前同样的权利，持有的所有股权的授予时间表与有效期限不变。

● 假如员工因事故而永久性丧失行为能力，中止了与公司的雇佣关系，在所持股权正常过期之前，该员工及其配偶都能自由选择时间对股权的可行权部分行权。但超过规定时间内没行权的，转为非法定股权。

● 假如员工在任期内去世，股权可作为遗产转移给继承人享有。

## 明来源：掌控股票和购股资金的来源

激励股票（股份）和购股资金的来源问题，是股权激励计划的一大关键要素。其中，激励股票（股份）的来源对原股东的权益、控制权、公司现金流压力等方面有直接影响。购股资金的来源也是激励对象关注的重点。这关系到整个股权激励计划的成败。

### 1. 上市公司股权激励股票的4个来源

《上市公司股权激励管理办法》第十一条规定："拟实行股权激励计划的上市公司，可以根据本公司实际情况，通过以下方式解决标的股票来源：

（一）向激励对象发行股份；

（二）回购本公司股份；

（三）法律、行政法规允许的其他方式。"

根据上述规定，我国上市公司主要采用四种激励股票来源方式：定向增发、回购股票、股东转让、留存股票。

（1）定向增发

定向增发指的是上市公司向证监会申请一定数量的定向发行的股票额度，以满足激励对象未来行权的需求。这种股票来源方式的优点是公司不会增加现金支出压力，而且激励对象行权后，公司的资本金会有一定的增加。但是采取定向增发的公司在行权期间需要不断办理注册资本变更登记。

我国工商登记制度规定，当公司总股本发生变动时，公司所在地的工商局需要根据会计师事务所出具的验资报告对本公司的股本结构进行变更，要求资金到位后30天就申请注册资本变更登记并公告备案。

定向增发的激励对象往往是多个人，行权时间是一个时间段。按照规定，只要有激励对象在这个时间段内行权，公司在行权期间的每个月内都要请会计师事务所出具验资报告，然后去所在地的工商局进行注册资本的变更登记。

（2）回购股票

公司直接从股票二级市场购买股权激励所需数量的股票，把回购的股票放入库存股票账户，根据需要在未来某个时间把库存股票再次出售转让给激励对象，这就是回购股票。回购股票在美国上市公司是最常用的股票来源方式。我国虽然将回购股票作为正常的激励股票来源渠道，但有时间限制，让上市公司无法灵活安排股权激励计划的等待期。

上市公司可以委托信托机构代为回购股票。这样做的好处有三点：

- 制度成本低，不需要监管部门审批，股东大会批准方案并报证监会和证券交易所备案即可。
- 信托机构的股票账户能保证股票来源的可持续性和稳定性。
- 由于是第三方托管，股权激励对象行权更自由。

但是信托机构不仅佣金和服务费较高，而且交易过程中有手续费、印花税等费用。所以，公司委托信托机构回购股票的做法，必然会增加公司的财务成本和激励成本。

（3）股东转让

在大股东控股的企业中，大股东会在不动摇自己控股地位的前提下让渡部分股权性利益给激励对象，这就是股东转让。股东转让是以大股东为主体来实施激励的，假如大股东自身财务状况出现问题，股票来源就会失去依托。

为此，我国证监会在《股权激励有关事项备忘录2号》中规定：“股东不得直接向激励对象赠予（或转让）股份。股东拟提供股份的，应当先将股份赠予（或转让）上市公司，并视为上市公司以零价格（或特定价格）向这部分股东定向回购股份。然后，按照经我会备案无异议的股权激励计划，由上市公司将股份授予激励对象。上市公司对回购股份的授予应符合《公司法》第一百四十三条规定，即必须在一年内将回购股份授予激励对象。”

（4）留存股票

上市公司发行股票前会预留一定数量的股票，以备不时之需，这部分股票就是留存股票。留存股票也是股权激励计划所需股票的主要来源。

理想的激励股票来源应当满足可行性、经济性和持续性三个要求。可行性指激励股票来源符合现行法律法规要求，操作难度较低。经济性指企业在同等情况下付出更低的成本。持续性指股票来源长期稳定，不易受到外部因素干扰。但单独选择任何一种激励股票来源方式都会存在一定的不足。上市公司需要通过多种来源方式组合来解决这个问题。

### 2. 非上市公司股权激励股票的3个来源

非上市公司没法通过股票二级市场来回购股份，但也比上市公司少了很多监管限制。只要原股东协商一致，股权激励计划符合《中华人民共和国公司法》要求就能操作。非上市公司激励股票的来源主要有三个。

#### （1）原股东转让

原股东转让部分股权用于股权激励，可由大股东直接转让，或者多名股东按比例转让。这点比上市公司更灵活，受到的限制也少。

#### （2）公司预留股份

非上市公司成立之初可预留一些股份用于股权激励。这些预留股份可由大股东或董事会指定的股东代为管理。

#### （3）增资扩股

非上市公司经过股东大会2/3以上持股股东决议同意后，可以采用增资扩股的方式来实施股权激励计划。公司在行权后要进行注册资本的变更登记。这种股权激励来源模式可以扩大公司注册资本金的规模，是一个比较适合非上市公司的办法。

### 3. 购股资金的8个来源

公司希望激励对象通过不断行权来持有公司股份，以保证激励对象与公司在根本利益上保持一致。但激励对象的财力可能有限，能否筹措大笔购股资金对他们的行权有很大影响。在我国，股权激励对象在行权时不仅要准备行权资金，还得缴纳相应的税负，资金压力较大。为此，公司通常会采用以下方式解决购股资金来源。

#### （1）激励对象自筹资金

无论哪种公司，购股资金来源通常都有自筹的部分。股权激励对象要从自己的储蓄中拿出一部分用于行权时的对价支付。这符合股权激励中的风险与收益对等原则，以及激励与约束对等原则。

#### （2）大股东或公司的贷款

非上市公司适用这种方法，上市公司或新三板公司则不行。因为，证监会不允许上市公司对激励对象借款或提供担保。假如是以借款方式，利率一般是同期银行存款利率。假如是贷款方式，利率就是同期银行的贷款利率。

#### （3）扣除年终奖的一部分

有些非上市公司在激励对象达到业绩标准后，会扣除其年终奖的一部分作为行权资金。

#### （4）提取各类奖励基金

奖励基金从净利润中提取，需要股东大会表决通过才能设立。但这种购股资金来源会增加公司现金流的压力、税负以及政策风险。

（5）银行贷款

有些银行推出了新三板员工股权激励信用贷款，员工能以低利率的银行杠杆，在不影响家庭其他正常消费支出的情况下，按照银行规定来获取贷款购买股权。

（6）多种激励模式组合

把干股、虚拟股票、股票增值权等分享型股权激励模式和其他激励模式组合在一起。当激励对象从这些激励机会中受益后，再推出股票期权、限制性股票等需要行权资金的股权激励模式。激励对象可以从前期激励计划中获得利益，用作行权资金。

（7）设计合适的行权方式

我们在设计股权激励方案时，不一定要使用现金行权方式，也可以采取非现金行权或者部分现金行权的方式。当公司采用非现金行权方式时，激励对象行权时由指定的券商出售部分股票获得收益来支付行权的费用，把剩下的部分存入激励对象的个人账户中。当公司采用部分现金行权方式时，激励对象行权时由指定的券商按激励合同出售约定数量的股票，获得收益用来购买剩余股票，不足部分由激励对象自行补足。

（8）引入信托机构垫付资金

公司把资金委托给信托机构，该资金专用于购买公司股票。这样一来，公司就是委托人，而公司与激励对象是共同受益人。在激励对象的等待期内，信托机构就是公司股东，能享有股东的权利和收益。当等待期结束后，如果激励对象达到行权条件，信托机构就会把股票过户给对方。如果激励对象没达到行权条件，那么信托机构就会出售股票，把相关费用和报酬扣除后再将资金返还给公司。

## 定数量：激励额度并非越大越好

定数量主要包括两个任务：一是确定股权激励计划的总量，二是确定单个激励对象所得的股权激励数量。假如股权激励计划是分阶段执行的话，还要结合公司战略规划和业务需求来确定公司需要留存多少用于激励的股权。

### 1. 确定股权激励总量时应考虑的因素

股权激励额度不是越大越好，也不是越小越好，需要结合多种因素综合考虑。无论谁来定总量，必须注意以下因素：

（1）法律规定

确定股权激励的总量时不可违背法律的强制性规定。上市公司授予激励对象的股权激励股份的总额度没有下限，但最多不得超过公司总股本的10%。法律对非上市公司股权激励的总额度没有强制性规定，所以非上市公司可以结合自身需要酌情处理。

（2）企业的整体薪酬体系

股票期权收益是激励对象整体薪酬中的一部分。因此，我们应该结合公司现有的薪资福利水平来考虑股权激励额度。一般情况下，处于成熟阶段的大公司有较好的工资、奖金、福利待遇，可以把股权激励数量定得小一点；处于初创期或快速成长期的小公司的工资、奖金、福利待遇较差，发展前途难料，需要授予较多的激励总额。

**（3）企业控制权和资本战略**

实施股权激励计划必定会改变公司现有的股权结构，稀释原股东的控制权。所以，我们在确定股权激励总量时，必须注意股东能承受的控制权稀释的底线。此外，公司未来可能会实施并购重组、股权融资等资本战略，股权激励总量需要预留空间。

**（4）企业的规模和净资产**

在股权比例相同的前提下，规模大、净资产多的企业比规模小、净资产少的企业收益更高。公司应该根据自身的规模和净资产状况来确定合理的激励总额。

**（5）企业的业绩目标**

当行权条件涉及的业绩目标较高时，可以相应地提高激励额度。假如激励额度不够而业绩目标要求较苛刻时，激励对象就会变得缺乏干劲。

除了上述5个因素外，当激励对象较多时，企业可以扩大股权激励的激励总额；激励对象较少时，可以适当地减少股权激励的激励总额。

### 2. 确定股权激励总量的方法

确定股权激励总量的方法主要有以下几种：

（1）把留存股票的最高额度作为股权激励总量

此法简单易行，但额度已经定死，股权激励计划一旦额度用完就无法再使用。而且不同时期进入公司的员工得到的股权激励数量差异很大，进入公司越早，股权收益越丰厚，进入公司越晚，股权收益越微薄。

（2）以员工总体薪酬水平为基数来确定总量

计算公式如下：

股权激励总价值=年度总薪金支出×系数

可以用员工总体薪酬水平（即年度总薪金支出）为基数再乘以公司确定的系数，以此决定股权激励的总量。在通常情况下，系数是按照工作年限来算的。比如，工作10年以上的员工拥有的股权激励总价值可以是其年薪的1.5倍，工作20年以上的员工可以获授相当于自己年薪的4倍的股权激励总价值。此法具有较大的灵活性，保证激励总量随着企业发展而同步扩大，利于实现长期激励目标。

（3）以企业业绩来确定总量

公司可以设置几个高低不等的业绩目标，在规定期限内达到哪个目标，董事会就授予激励对象相应比例的股权。此法需要注意业绩目标的合理性，否则会让激励对象感到不公平。

### 3. 确定股权激励个量时应考虑的因素

当企业确定了股权激励总量后，单个激励额度的确定应该不超出公司激励总量的范围内。我们必须明确每个激励对象应当获得多少股权。确定股权激励个量需要考虑的因素比确定总量时更为复杂，主要有以下几项：

（1）法律规定

中国证监会规定：“（上市公司）非经股东大会特别决议批准，任何一名激励对象通过全部有效的股权激励计划获授的本公司股票累计不得超过本公司股本总额的1%。”非上市公司没有强制性的法律规定，可以酌情确定股权激励个量。

（2）公平和效率

股权激励计划应当公平公正地选拔激励对象，而且每个激励对象具体可获得的激励额度应该根据其对公司的贡献大小和重要程度来拉开差距。

（3）激励对象的薪酬水平

激励对象的薪酬越低，其应授的个人激励额度也应该低一些。此外，预期的期权收益给激励对象带来的与其他未参加激励计划的员工之间的收入差距，也是一个考虑因素。这个收入差距不宜过大。

（4）激励对象的不可替代性

激励对象的不可替代性越强时，公司应该授予更多的股权激励份额。起关键作用的核心骨干理应获得更多的个人激励额度。因为公司业绩在很大程度上取决于他们的表现。

（5）激励对象的职位

激励对象的职位越高，其获得的股权激励份额也越多。

（6）激励对象的业绩表现

激励对象的业绩表现越好，劳动成果影响力越大，其获得的股权激励份额也越多。

（7）激励对象的工作年限

激励对象在公司工作的时间长短，也是确定股权激励个量的重要参考依据。

（8）竞争对手的股权授予数量

企业在确定股权激励个量时一定要考虑同行业主要竞争对手的股权激励水平。假如我们提供的长期激励收益弱于主要竞争对手，股权激励效果堪忧。

#### 4. 确定股权激励个量的方法

我们在决定各个激励对象具体的股权激励额度时，可以采取以下方法：

（1）直接评判法

直接评判法就是由董事会对每个激励对象进行综合评判，然后根据可供分配的股权激励总量，直接确定每个人获授的股权激励数量。这是最简单粗略的做法，在我国非上市公司应用比较广泛。

（2）期望收入法

计算公式如下：

个人股权激励数量=股权激励收益期望÷预期每股收益=个人年薪×倍数÷预期每股收益

期望收入法的原理是预先设定激励对象股权激励收益的期望值，再预测股权激励到期时的每股收益，然后计算每个激励对象应获授的股权数量。

（3）分配系数法

分配系数法的原理是建立一个价值与贡献的评价模型，根据每一位激励对象对公司的价值与贡献进行评分，获得分配系数，再按照分配系数在全部系数的比例来分配股权数量。以下是相关计算公式：

个人激励额度=激励总量×激励对象的个人分配系数÷公司总分配系数

公司总分配系数=∑个人分配系数

个人分配系数=人才价值系数×20%+薪酬系数×40%+考核系数×20%+入职年限系数×20%

## 定价格：明确公司股票的行权价格

确定公司股票的行权价格，关系到整个股权激励计划的成败。行权价格是股权激励计划中确定的激励对象在未来行权时购买股票的价格。股权激励制度的关键就是行权价格和股票市场价格之间的差价。激励对象就是靠这个差价来获得收益的。

### 1. 上市公司股权激励行权价格的相关法律规定

由于上市公司股权激励行权价格关系到公众股东的利益，实施股权激励计划的企业应当遵守《上市公司股权激励管理办法》和《股权激励有关事项备忘录1号》的相关法律规定。

《上市公司股权激励管理办法》第二十四条规定："上市公司在授予激励对象股票期权时，应当确定行权价格或行权价格的确定方法。行权价格不应低于下列价格较高者：

（一）股权激励计划草案摘要公布前一个交易日的公司标的股票收盘价；

（二）股权激励计划草案摘要公布前30个交易日内的公司标的

股票平均收盘价。”

《股权激励有关事项备忘录1号》规定：

“三、限制性股票授予价格的折扣问题

1. 如果标的股票的来源是存量，即从二级市场购入股票，则按照《公司法》关于回购股票的相关规定执行。

2. 如果标的股票的来源是增量，即通过定向增发方式取得股票，其实质属于定向发行，则参照现行《上市公司证券发行管理办法》中有关定向增发的定价原则和锁定期要求确定价格和锁定期，同时考虑股权激励的激励效应。

（1）发行价格不低于定价基准日前20个交易日公司股票均价的50%。

（2）自股票授予日起12个月内不得转让，激励对象为控股股东、实际控制人的，自股票授予日起36个月内不得转让。

若低于上述标准，则需由公司在股权激励草案中充分分析和披露其对股东权益的摊薄影响，我部提交重组审核委员会讨论决定。”

《股权激励有关事项备忘录3号》规定：

“为确保股权激励计划备案工作的严肃性，股权激励计划备案过程中，上市公司不可随意提出修改权益价格或激励方式。上市公司如拟修改权益价格或激励方式，应由董事会审议通过并公告撤销原股权激励计划的决议，同时上市公司应向中国证监会提交终止原股权激励计划备案的申请。”

### 2. 上市公司股权激励行权价格的确定

无论哪个国家的市场监管部门，都会要求企业按照“公平价格”来确定行权价格。只有对股东和激励对象都公平的价格，才是公平价格。公平价格主要有5种算法：

- 授予日的最高价与最低价的平均值。
- 授予日的开盘价与收盘价的平均值。
- 授予日前一个月的收盘价的平均值。
- 授予日前一个月的开盘价的平均值。
- 授予日前一个月的收盘价与开盘价的平均值。

当公平价格确定后，企业可以用4种方法来确定行权价格：

**（1）等现值法**

等现值法又叫平值法，即行权价格等于当前股票的公平价格。绝大多数上市公司都采用等现值法，因为它比较符合股权激励的本意。虽然股权激励方案的内在价值为零，但拥有时间价值。

**（2）现值有利法**

现值有利法又叫实值法，即行权价格是当前股票价格的一个折扣。当行权价格小于当前股票公平价格时，此法制定的股权激励方案的内在价值是正的，而且还拥有时间价值，激励力度最大。但此法会稀释股东权益，且对激励对象的约束能力较弱，通常是陷入困境或缺乏发展潜力的公司采用。

**（3）现值不利法**

现值不利法又叫虚值法或溢价法，即行权价格高于当前股票的价格。此法对股东有利，但不利于激励对象，所以使用不太广泛。

（4）可变行权价格法

可变行权价格法不考虑行权前后的股票差异，不是确定激励对象应得的股数，而是确定其可以购买股票的金额。期满时的行权价格与约定的考核指标挂钩，激励对象业绩越好，股权收益越丰厚。这种行权价格计算法对股东和激励对象都很公平，但非常依赖一套科学合理的业绩评定标准。

### 3. 非上市公司股权激励行权价格的确定

非上市公司股权激励的行权价格没有股票市场价格做做参考依据，比上市公司更难确定。在我国，非上市公司把每股净资产值作为确定行权价与出售价的主要依据。定价方法简单易行，但不够客观、准确、公正。具体的行权价格计算方法有以下4种。

（1）以注册资本金为准

如果公司的净资产和注册资本金相差无几，可以用注册资本金作为确定行权价格的标准。这是最简单的非上市公司股权行权价格的定价方法。

（2）以评估的净资产价格为准

当公司的净资产与注册资本金相差较远时，就必须对每股净资产进行评估，以评估后的每股净资产值作为每份股权激励的行权价格。

（3）以注册资本金或净资产为基础适当打折扣

公司以注册资本或每股净资产为基础，选择合适的折扣来确定行权价格。这种定价方法的激励力度比前两种大。

（4）以上市公司的股价为参考

非上市公司可以参考同行业、同类型上市公司的股价，打一定折扣后作为股权激励的行权价格。

### 4. 股价跌破行权价格怎么办

股权激励计划能发挥作用的前提是公司股价不断上涨。但事实上，股票价格受多种因素的影响。由外部因素引起的股价下跌，激励对象不该为此负责，也不该因此损失自己应得的股权收益。假如股价跌破了行权价格时，公司可以采取3种补救措施：

（1）给予其他形式补偿

比如，适当增加激励对象的劳动报酬、员工福利或者直接进行现金补贴，减轻股权激励计划失败给激励对象造成的损失。

（2）重新设计股权激励方案

假如公司坚持以股权激励的方式解决问题，可以根据当前较低的股价，重新设计股权激励方案。不过，股权激励方案从设计到实施涉及了多方利益，必然会耗费较长的时间，难解燃眉之急。

（3）重新确定行权价格

由于重新设计股权激励方案的成本过高且效果不佳，公司在必要时可以向股东大会提交重新定价的相关申请，股东大会表决通过后才能执行。我们在草拟股权激励计划时可以预先约定，当公司股价跌破某个底线而员工确实达到了约定的行权条件时，公司可以下调行权价格，以保证股权激励计划重获价值。

## 约时间：股权授予也要看准时机

企业做股权激励应该在挂牌之前，还是在挂牌之后？股权应该连续定期授予还是一次性授予？这些问题都值得认真考虑。因为股权授予的时机和授予方式都会影响激励效果。股权激励计划是一项长期激励制度。激励的目标不只是单纯地分享福利，还要把激励对象跟公司拧成一股绳，共同进退。为此，我们在实施计划的过程中需要选择合适的时机，力求兼顾企业的长远利益和员工的积极性。

### 1. 股权激励的5个时机

企业做股权激励计划时应当把握以下5个时机：

（1）股权融资时

当公司的资本战略以股权融资为目标时，比如，引入战略投资者、财务投资者，或者谋求企业挂牌，都需要股权激励措施来配合。因为，投资者进行投资的一个重要考虑因素，就是公司的股权激励情况。

（2）并购重组阶段

企业在资本市场进行并购重组也是股权激励的重要时机。如果是自家公司兼并他家资产，股权激励有助于消除公司并购重组后可能产生的创业元老和新进股东之间的矛盾。

（3）商业模式发生重大调整时

当公司的商业模式发生重大改变时，股权激励是留住现有人才、激励新员工的重要手段，也是引进新商业模式所需人才的有效措施。

（4）公司推出新战略时

当公司推出未来3~5年的新战略计划时，股权激励可以把重要人才和公司利益长期捆绑在一起。在这个时机授予股权有利于安定军心，增强高层团队的凝聚力。

（5）公司其他情况

除去上述四个良机外，公司可以选择业绩有重大提升或遇到其他重大利好消息时推行股权激励计划。这样可以用最少的成本获得最多的激励效果。

### 2. 股权授予的时间表

我们在设计股权激励计划时，应该制定明确的时间表。股权激励的时间表必须包括有效期、授予日、授权日、等待期、可行权日、窗口期和禁售期等时间点。

（1）有效期

有效期指的是获授人可以行使股权所赋予的权利的期间。有效期涵盖了股权激励计划从股东大会或中国证监会审批生效起，直至该计划涉及的最后一批激励标的股份行权或者解锁完毕、股权激励计划终止的时间段。一旦超过这个期限，激励对象就不再享有特权。

企业在设置股权激励有效期时应该考虑3个因素：

- 我国法律法规的强制性规定。
- 公司发展战略的阶段性。
- 激励对象劳动合同的有效期。

（2）授予日

授予是股权激励计划的第一个执行环节。授予日是授予行为发生的日期。公司在授予日应该明确股权激励计划的宗旨、范围，以及授予每一位激励对象的股权数额。

（3）授权日

授权日是公司向激励对象授予股权的日期。上市公司的授予日必须是交易日。这是为了防止激励对象通过控制信息披露环节来操控股价。非上市公司可以根据自身情况来制定。公司在股东大会通过后再召开董事会，由董事会选择一个具体日期。授权日应在股权计划生效日之后的30日内确定。

激励对象最希望看到的具体授权日是受聘日、确定升职之日、业绩评定日、取得技术成果之日、负责或接管公司重要项目之日。企业则应该把授权日设置在工作日，在考核日期之前或之后，并且要跟企业战略目标的起始日相一致。这样有利于开展工作。

（4）等待期

当激励对象获得股权激励标的后，并不能立即行权（即以约定的价格购买公司股票），而是需要等待一段时间，达到事前约定的相关约束条件时，才能一次性或分次取得对激励股份的完全处分权。股权激励的等待期有四种设计思路：

- 一次性等待期。

当股权激励计划采取“一次授予，一次行权”的模式时，激励对象在一次性的等待期满后就能行使全部权利。一次性等待期的激励效果比较显著，适合那些希望在既定时间内提高业绩的公司。

- 业绩等待期。

激励对象在有效期内完成了特定的业绩指标才可以行权。业绩等待期不同于一次性等待期，时间并不固定，根据业绩完成状况来调整。业绩等待期多用于公司处境困难的时候。

- 直线等待期。

公司股权激励计划采取的是“一次授予，分次匀速行权”的模式，激励对象在等待期内分批行使部分权利，期满时才能行使全部权利。直线型等待期的应用比较普遍。

- 阶梯等待期。

在直线等待期的基础上，把“分次匀速行权”改为“分次非匀速行权”，以加速或减速的形式行使权利。这就是阶梯形等待期。阶梯等待期的应用比较普遍。

（5）可行权日

可行权日是指激励对象可以行使权利的日期。在等待期满次日到股权有效期满之日为止这段时间内，每一个交易日都是可行权日。只要激励对象达到了条件就可以行权。假如有效期满还有尚未行权的股份，将由公司按规定注销或者予以回购。可行权日的选择基准包括：授权日、工龄、对公司有纪念意义的特殊日期、绩效考核指标完成情况以及上述各项的综合标准。

（6）窗口期

窗口期主要针对上市公司而设。由于上市公司的管理层了解公司重要信息，他们成为激励对象时有可能以权谋私，通过控制信息披露来操纵股价。为此，各国证券监管部门均设置了窗口期。

我国《上市公司股权激励管理办法》第二十七条规定，窗口期是“激励对象应当在上市公司定期报告公布后第2个交易日至下一次定期报告公布前10个交易日内行权，但不得在下列期间内行权：①重大交易或重大事项决定过程中至该事项公告后2个交易日；②其他可能影响股价的重大事件发生之日起至公告后2个交易日”。

（7）禁售期

禁售期又称强制持有期，即激励对象行权之后，强制规定其必须持有股票一段时间。这段时间就是禁售期，在此期间内不得转让、出售股票，期满后才能自由流通。设定禁售期是为了防止激励对象为了个人私利抛售激励标的，损害公司的利益。禁售期通常在6个月到2年之间。

## 谈条件：规范股权的授予条件和行权条件

股权激励计划不是单纯的奖励计划，激励对象必须达到一定的约束条件才能行权。制定约束条件就是确立一个足以让公司和原股东感到满意的业绩标准。股权激励计划的约束条件分为授予条件和行权条件两大类。

### 1. 明确股权授予条件

授予条件指的是激励对象获授股权时必须达到约定的条件，否则不能获授股权。除了激励对象的资格外，公司实施股权激励计划的主体资格也跟股权授予条件挂钩。

（1）上市公司丧失主体资格的情形

- 最近一个会计年度的财务会计报告被注册会计师出具否定意见或者无法表达意见的审计报告。
- 最近1年内因重大违法违规行为被中国证监会施加行政处罚。
- 中国证监会认定的不能实施股权激励计划的其他情形。

（2）上市公司激励对象失去法定获授条件的情形

●最近3年内被交易所公开谴责或宣布为不适当人选。

●最近3年内因重大违法违规行为被中国证监会施加行政处罚。

● 具有《公司法》规定的不得担任公司董事、监事、高级管理人员情形的。

（3）授予方式

●一次性授予

公司可以在员工被聘用之日授予股权，以吸引人才；可在员工任职3～5年时授予股权，以挽留人才。还可以在其他特定日期授予。一次性授予操作简单，便于管理，但对人才的绑定作用较弱。

●分期授予

公司可以按时间条件来分批次授予股权。比如，每两年对股权激励对象授予一定的股权，在8年内全部授予结束。也可以按照阶段性业绩目标条件来分批授予股权，每达标一次就授予一次，直到把所有份额全部给完。分期授予的管理比较麻烦，可以长期绑定人才。

此外,《股权激励有关事项备忘录1号》还规定:

“四、分期授予问题

若股权激励计划的授予方式为一次性授予，则授予数量应与其股本规模、激励对象人数等因素相匹配，不宜一次性授予太多，以充分体现长期激励的效应。

若股权激励计划的授予方式为分期授予，则须在每次授权前召开董事会，确定本次授权的权益数量、激励对象名单、授予价格等相关事宜，并披露本次授权情况的摘要。授予价格的定价基础以该次召开董事会并披露摘要情况前的市价为基准。其中，区分不同的股权激励计划方式按以下原则确定：

1. 如股权激励计划的方式是股票期权，授予价格按照《上市公司股权激励管理办法（试行）》第24条规定确定。

2. 如股权激励计划的方式是限制性股票，授予价格定价原则遵循首次授予价格原则，若以后各期的授予价格定价原则与首次不一致的，则应重新履行申报程序。

预留股份的处理办法参照上述要求。”

由此可见，无论哪种股权授予方式，都需要遵循法定流程来进行。

### 2. 明确股权行权条件及方式

行权条件指的是激励对象对已获授的股权行权时，必须达到的条件。

（1）行权条件

行权条件通常会落实为具体的要求和指标，主要是业绩考核。业绩考核在公司层面主要是总量指标和财务指标，比如，净利润增长率、净资产收益率必须达到约定的水平。只有当激励对象的业绩考核达到公司的要求时才能行权。

（2）行权方式

- 现金式行权

员工用现金支付行权价格并持有股票就是现金式行权。公司支付了行权价格，等于是对公司股票做投资。这种行权方式需要员工具备充足的现金，在行权后将承担股价下降的风险。只有努力为公司创造价值，持股员工才能降低股价下跌的风险，增加自身的收益。

●股票互换行权

此法是用已经持有的公司股票作为支付手段来购买期权股票。互换比率要按照现行股价与行权价格间的关系来定。股票互换行权主要用于公司的高层管理人员。

●经纪人当日出售

这种行权方式的程序是：员工先支付行权价格购入期权股票，再立即对证券经纪人发出指示，要求其出售全部或部分期权股票，并获得资本收益。在实际操作中，员工对经纪人发出指令以当日出售方式行权，经纪人则会用出售期权股票所得的收入支付行权价格和应缴税费，剩下的净收益再返还给员工。

●本票或贷款行权

公司允许员工用本票或者向银行借款来筹集行权所需的资金。借款金额包括行权价格和相关税费。在采用贷款行权时，公司应当注意规定贷款利息，具体可以参考外部的基准贷款利率。

（3）未满足行权条件或未及时行权的处理办法

假如激励对象或者公司业绩未能满足行权条件，当期的股权激励标的是不能行权的。该部分股权激励标的由公司注销或者按照原授予的价格回购。假如激励对象和公司业绩都符合行权条件，但激励对象没在行权期内全部行权，这个未行权部分的股权激励标的由公司注销或者按照原授予价格回购。

### 3. 企业股权激励行权达标条件模板

以下是某个企业股权激励行权达标条件模板，仅供大家参考。

| 考察项目 | 达标条件 | 考核结果 |
| --- | --- | --- |
| 1. 考核对象 | | |
| 2. 当前职位 | | |
| 3. 级别工龄 | 入职满一年以上 | |
| 4. 应激励额度 | 董事会根据岗位价值评估与可分配股份资源及其岗位系数和工龄系数来确定 | |
| 5. 考核日期 | | |
| 6. 价值观 | 达标要求：<br>（1）价值观与公司企业文化保持一致<br>（2）一票否决制 | |
| 7. 公司指标 | 考核指标：<br>财务指标：权重50%<br>运营指标：权重10%<br>员工指标：权重20%<br>客户指标：权重20%<br>评分标准：<br>（1）85%≤公司指标完成率，系数为1<br>（2）70%≤公司指标完成率<85%，系数为0.8<br>（3）公司指标完成率<70%，系数为0 | |

（续表）

| 考察项目 | 达标条件 | 考核结果 |
| --- | --- | --- |
| 8. 部门指标 | 考核指标：<br>（1）财务指标：权重50%<br>（2）运营指标：权重10%<br>（3）员工指标：权重20%<br>（4）客户指标：权重20%<br>评分标准：<br>（1）85%≤部门指标完成率，系数为1<br>（2）70%≤部门指标完成率＜85%，系数为0.8<br>（3）部门指标完成率＜70%，系数为0 | |
| 9. 自律项 | 评分标准：<br>（1）违纪次数不得超过公司规定次数<br>（2）一票否决制 | |
| 10. 客户满意度 | 评分标准：<br>（1）被投诉（成立）不得超过3次<br>（2）一票否决制 | |
| 11. 品德项 | 评分标准：<br>（1）公司全员支持率不得低于85%<br>（2）一票否决制 | |
| 12. 成长项 | 评分标准：<br>（1）学习投资≥收入的5%，系数为1<br>（2）学习投资每降低1%，成长性系数降低0.05%<br>（3）成长性系数最低为0.8 | |
| 13. 激励额度考核结果 | 实际激励额度=应激励额度×价值观系数×公司指标系数×部门指标系数×自律项系数×客户满意度×品德项系数×成长项系数 | |

## 订合同：让公司和被激励者都感到安心

无论多么完善的股权激励方案，如果没有形成书面合同协议，都是不规范的做法。商业社会以信用为本，信用的本质就是契约精神，契约精神的直观体现就是签订合同协议。不签订协议而仅仅满足于口头约定，会给公司运营增加许多风险，也会让被激励对象产生不安全感。这样一来，股权激励就形同虚设。

### 1. 《上市公司股权激励管理办法》的相关规定

《上市公司股权激励管理办法》第十三条规定："上市公司应当在股权激励计划中对下列事项做出明确规定或说明：

（一）股权激励计划的目的；

（二）激励对象的确定依据和范围；

（三）股权激励计划拟授予的权益数量、所涉及的标的股票种类、来源、数量及占上市公司股本总额的百分比；若分次实施的，每次拟授予的权益数量、所涉及的标的股票种类、来源、数量及占上市公司股本总额的百分比；

（四）激励对象为董事、监事、高级管理人员的，其各自可获授的权益数量、占股权激励计划拟授予权益总量的百分比；其他激励对象（各自或按适当分类）可获授的权益数量及占股权激励计划拟授予权益总量的百分比；

（五）股权激励计划的有效期、授权日、可行权日、标的股票的禁售期；

（六）限制性股票的授予价格或授予价格的确定方法，股票期权的行权价格或行权价格的确定方法；

（七）激励对象获授权益、行权的条件，如绩效考核体系和考核办法，以绩效考核指标为实施股权激励计划的条件；

（八）股权激励计划所涉及的权益数量、标的股票数量、授予价格或行权价格的调整方法和程序；

（九）公司授予权益及激励对象行权的程序；

（十）公司与激励对象各自的权利义务；

（十一）公司发生控制权变更、合并、分立、激励对象发生职务变更、离职、死亡等事项时如何实施股权激励计划；

（十二）股权激励计划的变更、终止；

（十三）其他重要事项。”

上述规定最终需要以合同、协议等书面形式来确认。为了确保股权激励方案能落到实处，股权激励对象必须与公司签订劳动合同、在职分红协议、竞业禁止协议和保密协议。

签订劳动合同是一切的基础，没有这个最基本的前提条件，股权激励协议书就是空中楼阁。

在职分红协议用于规范股权激励对象与公司各自的权利、义务、责任。竞业禁止协议用于避免股权激励对象吃里爬外，做出一切危害公司利益的行为。

保密协议是公司对股东的必要约束，必要时可以追加违反者的法律责任。因为股东将了解公司的全部机密，一旦泄密会给公司造成极端不利的影响。

由此可见，确定合同有利于让公司和被激励者相互建立信任，明确各自的权利、义务、责任，以便双方按照规矩来合作，避免不必要的纠纷。

### 2. 需要考核的分红股权激励合同常见模板

**有条件分红协议书**

| 甲方 | 乙方 |
| --- | --- |
| 甲方<br>名称：北京市×××有限公司<br>法人：×××<br>地址：北京市××区××<br>电话：010-×××× ×××<br>传真：010-×××× ××× | 乙方<br>姓名：××<br>身份证号：<br>身份证地址：北京市××区××路<br>现住址：北京市××区××路××号<br>联系电话：××××××××××× |

甲、乙双方声明：在签订本协议之前，已经知悉阅读过本协议的各条款，了解其法律含义，并出于本意接受。

为发展北京市×××有限公司（以下简称“×××公司”）的事业，实现员工利益与公司长远价值的和谐发展，经双方协商一致，达成如下协议：

1．本协议遵循公平、公正、公开原则和有利激励、促进创新的原则。

2．本协议不影响乙方原有的工资、奖金等薪酬福利。

3．本协议有效期限为1年。

4．乙方所获应激励分红股数为×股。

5．乙方实际获得的激励分红股数由其各项考核指标的结果而决定。

6．考核指标包括：价值观、公司整体业绩、部门业绩、自律、品德、内部客户服务意识，以上六个指标同时考核，有一个指标不达标，自动丧失激励资格。

7．分红发放比例及时间：2011年1月25日前发放其应分红奖金的70%，2011年7月20日前发放其应分红奖金的30%。

8．在本合同有效期内，凡发生下列事由（包括但不限于），自情况核实之日起即丧失激励资格、考核资格、取消剩余分红，情节严重的，公司依法追究其赔偿责任并有权给予行政处分，行政处分包括但不限于停止参与公司一切激励计划、取消职位资格甚至除名，构成犯罪的，移送司法机关追究刑事责任。

（1）因不能胜任工作岗位、违背职业道德、失职渎职等行为严重损害公司利益或声誉而导致的降职。

（2）公司有足够的证据证明乙方在任职期间，由于受贿索贿、贪污盗窃、泄露公司经营和技术秘密、损害公司声誉等行为，给公司造成损失的。

（3）开设相同或相近的业务公司。

（4）自行离职或被公司辞退。

（5）伤残、丧失行为能力、死亡。

（6）违反公司章程、公司管理制度、保密制度等其他行为。

（7）违反国家法律法规并被刑事处罚的其他行为。

9. 乙方根据相关税务法律的有关规定承担与本协议相关的纳税义务，由公司代付代缴。

10. 本协议不影响公司根据发展需要做出资本调整、合并、分立、发行可转换债券、企业解散或破产、资产出售或购买、业务转让或吸收以及公司其他合法行为。

11. 公司准备发行股票并上市或有其他重大融资安排时，乙方同意按照相关法规的要求以及公司董事会的决定，由公司董事会对其所持有的分红股进行处理。

12. 本协议是公司内部管理行为。甲、乙双方签订协议并不意味着乙方同时获得公司对其持续聘用的任何承诺。乙方与本公司的劳动关系，依照《劳动法》以及与公司签订的劳动合同办理。

13. 本协议未尽事宜，由公司薪酬委员会进行解释。

14. 本协议如有未尽事宜，双方本着友好协商原则处理。对本协议的任何变更或补充需甲、乙双方另行协商一致，签署变更或补充协议书予以明确。

15. 甲、乙双方发生争议时，本协议已涉及的内容按约定解决。未涉及的部分，按照相关法律和公平合理原则解决。

16. 本协议一式两份，甲、乙双方各持一份，具同等法律效力，自双方签字盖章之日起生效。

甲方盖章：　　　　　　　　　　　　　　乙方盖章：

法人代表签字：　　　　　　　　　　　　乙方签字：

日期：　年　月　日　　　　　　　　　　日期：　年　月　日

## 第五章

# 规范股权激励计划的考核制度

考核制度是股权激励计划的关键。若没有严密而合理的考核制度做基础，股权激励计划不仅起不到激励效果，反而还会让员工认为公司赏罚不明、制度不公平，士气更为低落。这无疑与股权激励计划的初衷背道而驰。公司经营者应当认真规范考核制度，让应该受到激励的人才获得更多资源和机会，让表现不佳的人知耻而后勇。考核标准既不能过于简单，否则大家没干劲去改进工作；又不能过于困难，超出大家能力范围之外的重赏等于是没有奖励。

## 常用的公司业绩考核指标

股权激励计划的考核指标与考核方法，决定了激励对象的行权条件，进而决定了整个股权激励计划的执行效果。为此，我们应该设计规范的股权激励计划考核制度，从公司业绩考核就是一个重要的方面。

### 1. 公司业绩考核的基本指标

公司业绩考核基本指标有以下三种：

（1）净利润增长率

| 计算公式 | 净利润＝利润总额-所得税<br>净利润增长率=（当期净利润-上期净利润）/上期净利润×100% |
|---|---|
| 说明 | 净利润又名税后利润，是利润总额扣除所得税后的余额，代表着企业最终的经营效益。企业净利润越多，经营效益越好。净利润增长率代表着企业当期净利润比上期净利润增长了多少。净利润增长率越高，企业的盈利能力越强 |

（2）净资产收益率（ROE）

| 计算公式 | 全面摊薄净资产收益率=报告期净利润÷期末净资产<br>加权平均净资产收益率=报告期净利润×平均净资产<br>平均净资产=（年初净资产+年末净资产）/2 |
|---|---|
| 说明 | 净资产收益率又名股东收益报酬率、净值报酬率。是企业税后利润除以净资产后得到的百分比率，反映了股东权益的收益水平和企业自有资本获得净收益的能力。净资产收益率越高，投资带来的收益也越高<br>计算净资产收益率的方法有两种，一种是全面摊薄资产收益率，另一种是加权平均净资产收益率，计算公式如前 |

（3）经济增加值（EVA）

| 计算公式 | EVA=税后营业净利润-资产总成本<br>资产总成本=资本×资本成本率 |
|---|---|
| 说明 | 经济增加值（EVA）是从税后营业净利润中扣除包括股权和债务的全部投入资本成本后的所得。资本投入也需要成本，包括股本成本和债务成本。只有企业的盈利高于资本成本时，才能为股东创造价值。因此，EVA是评价企业经营者有效使用资本，为股东创造价值，体现企业最终运营目标的公司业绩考核工具<br>优点：<br>①考虑了企业使用全部资本与含有企业外部的市场信息<br>②根据现行会计政策做出了调整，能反映企业经营的真实情况<br>③当公司规模扩大时，能帮运营者较早发现企业经营状况不佳的迹象<br>EVA缺点：<br>①是绝对值指标，在不同规模的公司之间缺乏可比性<br>②涉及的会计调整项目太多，主观因素较多<br>③是一种短期的、特定年度的、具有时效性且仅是财务性的内部业绩评价方法<br>④它不能帮企业发现运营失效的根本原因 |

## 2. 公司业绩考核的创新性指标

除了常用的基本指标外，上市公司也会采用一些创新性指标来进行公司业绩考核。目前应用较为广泛的创新性指标有以下几种：

### （1）每股收益

| 计算公式 | 每股收益=归属于普通股的当期利润/当期发行在外普通股的加权平均数 |
|---|---|
| 说明 | 每股收益是衡量上市公司盈利能力最常用的一个财务指标，反映的是普通股的获利水平<br>优点：<br>①可用于评价和对比不同公司的相对盈利能力<br>②可以比较公司不同时期的获利水平，了解该公司盈利能力的变化趋势<br>③能够用来比较经营实绩和盈利预测，评估该公司的管理能力 |

### （2）市场增加值（MVA）

| 计算公式 | MVA=企业市值-累计资本投入 |
|---|---|
| 说明 | 市场增加值指的是企业变现价值与原投入资本之间的差额。通过这个指标，我们能够得出一个企业增加或减少股东财富的累计总量。也就是说，MVA直接反映了一个公司累计为股东创造了多少财富。当MVA出现负值的时候，说明企业的经营投资活动所创造的价值低于投资者投入公司的资本价值。投资人的财富或价值真正遭受损失<br>MVA是分析上市公司的企业价值的好工具，但在分析非上市公司时就没那么有效了 |

（3）经营性现金流

| 计算公式 | 经营性现金流=经营性现金流入额–经营性现金流出额 |
| --- | --- |
| 说明 | 相较于净利润，经营性现金流更好地反映了上市公司的经营状况，能够显示出公司折旧等影响净利率但对现金流没有影响的因素 |

（4）销售收入增长率

| 计算公式 | 销售收入增长率=（本年销售额–上年销售额）÷上年销售总额 |
| --- | --- |
| 说明 | 销售收入增长率是衡量一个企业经营状况及市场占有能力，预测企业经营业务发展趋势的重要指标。这也是企业扩张增量资本和存量资本的重要前提。销售收入增长率越高，企业的增长速度越快，市场发展前景越好 |

（5）利润总额

| 计算公式 | 利润总额=营业利润+营业外收入–营业外支出 |
| --- | --- |
| 说明 | 利润总额指的是企业在生产经营过程中的各种收入扣除各种耗费后的盈余。它反映了企业在报告期内完成的盈亏总额，是衡量企业经营业绩的重要经济指标 |

除了每股收益和MVA外，非上市公司也可以根据自己的情况采用其他的创新性指标，以便更好地完成公司业绩考核任务，为股权激励计划的实施做好准备。

## 基于关键绩效指标的 KPI 业绩评价法

KPI是关键绩效指标的英文缩写，指的是一种目标式量化管理指标。其原理是对企业内部的某个流程的输入端和输出端的关键参数进行设置、取样、计算、分析，以此衡量流程绩效。KPI业绩评价法把企业战略目标分解为可以量化的可操作指标，是企业绩效管理的基础。

### 1. KPI业绩评价法的原则和特点

SMART原则是确定关键绩效指标的一个重要原则。SMART原则的具体含义如下：

Specific（具体的）：关键绩效指标要切合具体的工作内容，不可以大而无当、虚头巴脑。

Measurable（可度量的）：关键绩效指标必须是可以量化的标准，可以通过采集数据信息来衡量。如果没有可以验证的数据，就无法实施KPI业绩评价法。

Attainable（可实现的）：关键绩效指标应该是考核对象付出能努后能够实现的，过高的目标不切实际，过低的目标起不到激励作用。

Relevant（相关性的）：年度经营目标必须跟预算责任单位的职责有密切的相关性。它应该是预算管理部门、预算执行部门和公司管理层反复分析、研究后，协商一致的结果。

Time-based（有时限的）：关键绩效指标应该是特定期限内的考核指标，没有期限就无从考核。

由上述关键词可知，KPI业绩评价法有4个特征：

（1）分解公司战略目标

KPI业绩评价法针对不同的部门、职位和考核结果进一步细化了公司战略目标。随着公司战略目标的不断发展，KPI也要与时俱进，及时调整。这样才能体现公司最新战略目标的内容。

（2）衡量绩效的可控部分

内部因素和外部因素都会影响公司的经营活动。但KPI业绩评价法只是在衡量各职位员工的可控制部分。有一点必须牢记，关键绩效指标必须选择可控变量为考核依据，而不能选择不可控变量。

（3）衡量重点经营活动的成效

KPI业绩评价法并不追求面面俱到的考核，仅针对那些对企业整体战略目标影响较大或者作用不可或缺的工作内容。

（4）体现了组织的共同意志

KPI是由公司管理者和各层级员工共同参与制定的，而不是上级单方面简单粗暴地确定下发，也不能让各职位员工各行其是。KPI是组织协商一致的意见的体现，代表了组织的共同意志。

### 2. KPI业绩评价法的优缺点

（1）优点

①KPI业绩评价法以公司战略目标为导向，将战略目标层层分解，再通过各项具体的考核指标来控制。这使得员工的工作有了明确的依据，跟公司的要求高度吻合，不至于偏离正轨，保障了公司战略目标的落实。

②KPI业绩评价法提倡客户价值的实现，帮公司上下形成了以市场为导向的经营意识。

③KPI把公司战略目标细分到每个部门、每一位员工的头上，使其成为个人的绩效目标。员工在努力完成个人绩效目标的过程中，实际上也实现了公司总体的战略目标。这非常符合股权激励计划的最终目标。

（2）缺点

①KPI业绩评价法倾向于定量的指标。但很多定量指标是否真正对公司绩效产生了关键性影响，需要专业的分析工具来验证。

②KPI的考核比较机械，过分依赖可量化的指标，而忽视了难以量化的人为因素与弹性因素。这也是KPI最容易引发争议的局限性。

③KPI并不适用于所有的岗位，尤其是那些工作效果难以量化或者需要长期投入且见效较慢的岗位。

### 3. KPI业绩评价法的操作流程

KPI业绩评价法的操作流程主要分为4个步骤。

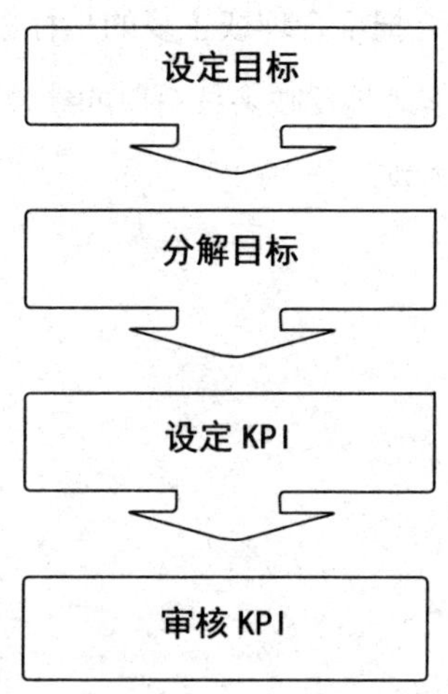


（1）设定目标

KPI业绩评价法的第一个步骤就是设定公司的战略目标。如果没有明确的战略目标，就无法设定具体的关键绩效指标。这是公司董事会、监事会和管理层的使命。

（2）分解目标

各部门负责人根据本部门的职能分工和实际情况，把公司战略目标分解为部门的考核指标，分析跟绩效相关的技术、组织、人等因素，然后明确实现绩效目标的工作流程，确定业绩评价体系。

（3）设定KPI

根据部门职责和岗位职责来提取关键要素，然后进行精简、调整、分类、赋值等措施将关键要素转化为关键绩效指标。KPI权重一般不低于5%，不高于30%，为了便于计算，通常取5的倍数。

（4）审核KPI

通过相关性分析，把不合理或重复的指标剔除出去，确保关键绩效指标能够全面而客观地反映考核对象的绩效。而且KPI必须易于操作，否则难以发挥实效。

## 基于平衡计分卡的业绩评价法

我们做绩效考核时不仅要分解出具体的量化目标，还应该注意从多个维度来考察公司运营的综合平衡。KPI业绩评价法显然无法完成这个任务，这时候最有用的绩效考核办法是平衡计分卡。平衡计分卡是一个充满系统论色彩的战略管理工具，从四个维度出发，把公司战略目标逐层分解转化为相互平衡的考核指标体系。

### 1. 平衡计分卡的四个维度

平衡计分卡最显著的特征是四个相互平衡的维度。

**（1）财务维度**

财务性绩效指标可以直观地反映公司的业绩与股东的利益，这是一种能有效控制和评价公司业绩的管理工具。

平衡计分卡中常用的财务性业绩指标主要有利润增长率、资产回报率。

**（2）运营维度**

公司战略目标能否实现，客户需求能否满足，都依赖于公司内部运营的支持。公司应该以生产经营、售后服务和创新三个具体环节为切入点，探索企业如何管理内部业务，确保运营状况高效有序，更好地实现组织的战略目标。平衡计分卡能够帮助公司管理层贯彻这个意图。

（3）客户维度

平衡计分卡强调以客户为核心的思想，对客户满意度、客户保持程度、新客户的开拓、客户获利能力和市场份额等指标做出相应的评价，为实现公司战略目标打下口碑基础。

（4）成长维度

公司发展离不开人才资源、信息系统和企业管理流程。为此，公司应该加强对员工的培训，不断完善信息系统和企业管理流程。平衡计分卡通过对员工培训支出、员工满意度、员工的稳定性、员工的生存率等指标进行考核，在提高员工综合能力的同时，增强公司的成长能力。

上述四个维度构成了一个相互依存的有机整体，这个综合评价体系实现了四大平衡，故而被称为平衡计分卡。

（1）财务指标与非财务指标的平衡

平衡计分卡不仅考察财务指标，也把业务、客户资源、员工的成长等非财务指标纳入考核体系当中。

（2）长期目标与短期目标的平衡

平衡计分卡把公司长期战略目标分解为短期经营目标，在关注公司长期发展的同时，也兼顾了公司各个阶段的短期任务。这使得公司的长期战略规划更具备可操作性，长远利益和短期利益实现了平衡。

（3）公司外部与内部的平衡

以股东和客户为主体的外部群体，以员工和内部业务为主的内部群体，在利益上不完全一致，可能会产生冲突。平衡计分卡利用四个维度把内部群体和外部群体纳入通盘考虑，在一定程度上平衡了双方的利益。

（4）领先指标与滞后指标的平衡

在平衡计分卡中，经营指标、客户指标、学习与成长指标属于领先指标，财务指标属于滞后指标。领先指标更多是看过程，滞后指标则以结果为准。重过程轻结果和重结果轻过程都是偏颇的，平衡计分卡将两者统一在一个综合评价体系中，可以让公司更重视过程管理并关注影响结果的因素。

## 2. 平衡计分卡的优缺点

| 优点 | 缺点 |
| --- | --- |
| ①能克服财务评估法的短期行为，促进公司立足长远发展<br>②利于各级员工理解公司战略目标，保持良好的沟通，提高公司的整体运营水平<br>③把公司战略转化为组织各层级的绩效指标和行动，让整个组织为共同目标同心协力<br>④有助于公司和员工的学习成长，培养核心竞争力，推动公司的长远大计 | ①平衡计分卡也要求量化考核指标，但某些非财务指标是很难做到具体量化的<br>②平衡计分卡虽然能把公司战略目标和衡量指标进行有机结合，但无法直接指导公司运营者怎样确定绩效的衡量指标，以及如何提高绩效<br>③平衡计分卡难以自动更新。每当公司战略目标或组织结构发生重大变化时，平衡计分卡都要随之重新调整。调整工作必然会耗费公司大量时间和资源<br>④平衡计分卡的使用比较复杂，开发周期长达一年甚至更多，执行时间也需要5～6个月，还需要几个月时间去优化调整结构。整个流程费时费力，执行起来难度很大 |

### 3. 平衡计分卡的操作办法

平衡计分卡的操作办法主要分为5个步骤：

（1）建立公司愿景

成立平衡计分卡委员会，根据公司所处行业、发展阶段、优势劣势、公司规模、综合实力、资源、渠道等因素来建立长期的愿景和战略。平衡计分卡委员会负责向员工解释公司的愿景和战略规划，并制定四个维度的具体目标。

（2）设置考核指标

征求各层级人员的意见，设计一个科学合理的绩效衡量指标，使之达到平衡，确保所有指标都能反映公司的战略目标。

（3）宣传和沟通

利用多种沟通渠道，让各层级员工了解公司的战略、目标、绩效衡量标准，为平衡计分卡的实施作足舆论准备。

（4）明确具体数字

当绩效指标体系建立完毕后，我们应该结合公司的运营计划和预算，确定具体的数字，并理顺各类指标之间的关系。

（5）完善指标体系

考察指标体系是否科学合理，能否真正反映公司的发展水平及战略目标。反复优化平衡计分卡体系，剔除不合理的指标，使之更加规范和完善。

# 360度全方位评价法

360度意味着全方位，故而360度考核法又名360度全方位评价法。这种考核方法避免了单一的考核方式，把自我评价和上级评价、同级评价、下级评价、客户评价结合在一起，尽可能从多角度全面考察激励对象。

**1. 全方位评价法的优缺点**

| 优点 | 缺点 |
| --- | --- |
| ①最大的优点是考察角度全面完整，突破了上级单方面考核部下这一传统模式的局限性。这有利于最大限度避免上级因光环效应、居中趋势、标准偏严、尺度偏松、个人偏见以及考核盲点而对考核对象做出不客观的评价，可以比较全面地反映不同考核者对考核对象的主观看法。通过综合各方意见，我们可以得出一个比较客观的结论<br>②360度全方位评价法会让公司各个层级的人担任考核者，此举能提高员工的参与感，激发他们的工作积极性 | ①360度全方位评价法需要多人参与考核，耗费的时间最长，考核过程也最复杂，这使得其成本居高不下<br>②由于360度全方位评价法涉及员工之间的相互评价，难免会出现部分员工挟怨报复，故意给考核对象打差评的现象。这需要我们明察秋毫<br>③实施360度全方位评价法之前，公司必须先对全体员工进行考核制度培训。这导致考核的准备工作变得复杂，操作难度大大增加 |

### 2. 全方位评价法的操作流程

360度全方位评价法的操作流程主要分为4个步骤。

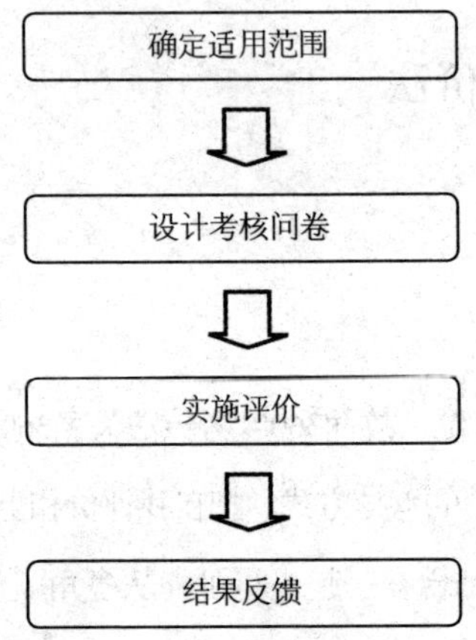


**（1）确定适用范围**

尽管360度全方位评价法涉及多名考核者，但并非所有考核对象都适用这种考核方法。假如公司内部员工关系紧张，或者对彼此的工作不太了解时，最好不要采用360度全方位评价法。只有确定了适用范围后，才能充分发挥这种考核方法的优点。

**（2）设计考核问卷**

考核问卷由考核部门设计，问卷内容通常包括与考核对象工作密切相关的行为或者全体员工都要遵守的行为。

**（3）实施评价**

公司选择与考核对象联系较为紧密的人作为考核者，根据考核问卷的要求来评价考核对象。为了减少不必要的纠纷，360度全方位评价法通常采用匿名评价的方式，以确保考核者能毫无顾忌地畅所欲言。

（4）结果反馈

当考核工作结束后，公司管理部门应当及时反馈考核结果。反馈的一个重点是向参与考核的人反馈评价的公正性、全面性和准确性，指出他们在评价过程中所犯下的错误，帮助考核者提高客观评价的能力。另一个重点是把考核结果告知考核对象，指出其短板所在，分析原因并提出改进建议。

### 3. 需要注意的误区

在360度全方位评价法的实践过程中，有4个误区是必须注意避免的。

（1）生搬硬套一刀切

每个公司所处的生命周期、行业类型、员工关系等因素存在较大差异，并不是所有的公司都适用360度全方位评价法。

（2）盲目扩大考核者范围

公司不可能让所有成员都成为考核者，那会导致考核成本过于高昂。我们必然会选择部分人担任考核者，而把另一些人排除在外。这难免会让一些员工感到心里不平衡。但是，有的考核组织者为了照顾部分员工的情绪而盲目扩大考核者的范围，是不可取的行为。让那些不熟悉考核对象的人都参与评价，只会让考核结果失去客观性和准确性。

（3）慈悲效应

人们在评价他人时，可能存在对他人的正面评价超过负面评价的倾向，这就是慈悲效应。慈悲效应对一个人的整体评价有较大影响。我们应该注意防范慈悲效应给考核对象带来的评价虚高现象。

（4）考核要素雷同

不同岗位、不同级别的考核对象，需要不同的考核要素与考核周期。高层管理者与普通员工的工作内容差异很大，考核要素必然要体现这些区别，不能混为一谈。

## 4．360度绩效考核表参考模板

**公司员工360度绩效考核表**

| 考核对象姓名： | | 部门： | | 职务： | | | |
|---|---|---|---|---|---|---|---|
| 考核者姓名： | | 部门： | | 职务： | | | |
| 考核区间：　　年　　月一　　年　　月 | | | | | | | |
| 评价项目 | | 评价得分 | | | | | |
| | | 上级评价 | 同级评价 | 下级评价 | 自我评价 | 权重 | 备注 |
| 个人素质（20分） | 品德修养 | | | | | % | |
| | 个人仪表 | | | | | % | |
| | 实事求是 | | | | | % | |
| | 踏实坚定 | | | | | % | |
| | 虚心勤学 | | | | | % | |

（续表）

| 评价项目 | | 评价得分 | | | | | |
|---|---|---|---|---|---|---|---|
| | | 上级评价 | 同级评价 | 下级评价 | 自我评价 | 权重 | 备注 |
| 工作态度（20分） | 积极性 | | | | | % | |
| | 信用度 | | | | | % | |
| | 责任感 | | | | | % | |
| | 纪律性 | | | | | % | |
| | 团队精神 | | | | | % | |
| 专业知识（20分） | 本职专业知识 | | | | | % | |
| | 相关专业知识 | | | | | % | |
| | 外语水平 | | | | | % | |
| | 计算机水平 | | | | | % | |
| | 学习能力 | | | | | % | |
| 工作能力（20分） | 文字表达能力 | | | | | % | |
| | 逻辑思维能力 | | | | | % | |
| | 指导教学能力 | | | | | % | |
| | 人际交往能力 | | | | | % | |
| | 组织管理能力 | | | | | % | |
| 工作成果（20分） | 目标完成情况 | | | | | % | |
| | 工作效率 | | | | | % | |
| | 工作质量 | | | | | % | |
| | 创新成果 | | | | | % | |
| | 成本控制 | | | | | % | |
| 分数合计 | | | | | | 100% | |
| 工作综合表现评价 | | | | | | | |

（续表）

| 优缺点分析 | 优势分析 | |
|---|---|---|
| | 缺点分析 | |
| 建议与培训 | 有待提高技能 | |
| | 参加培训项目 | |
| 工作预期 | 明年目标 | |
| | 预期表现 | |

这是360度全方位评价法的绩效考核基本模板，涵盖了多个考核项目，参与考核者包括激励对象的上级、同级和下级，以及考核对象本人，必要时还可以加入客户的评价。公司可以根据自身情况来增减其他的考核项目，尽可能让考核更全面、公正、合理。

# 第六章

## 上市公司、非上市公司和新三板公司的股权激励

我国市场中的公司可以粗略地分为上市公司、非上市公司、新三板公司三种类型。这三类公司在管理运营方面存在不小的差异，有些管理经验并不通用。我们在制订股权激励计划时应该根据具体的公司类型来开展工作。本章将着重讲解上市公司股权激励的发展现状及执行难点、非上市公司股权激励的基本思路以及新三板公司股权激励的设计要点。

## 上市公司股权激励的现状及难点

我国采用股权激励的上市公司与日俱增，自从2016年中国证券监督管理委员会（简称“证监会”）颁布《上市公司股权激励管理办法》以来，众多民营企业和中小企业都积极推出自己的股权激励方案。下面我们来讲一讲上市公司股权激励的现状和难点。

### 1. 上市公司股权激励的现状

我国上市公司股权激励的现状主要有以下四个特征：

（1）快速增长，覆盖多个行业

从2010年开始，我国上市公司的股权激励呈现出快速增长趋势。随着近年来各种法律法规、国家政策的支持，以及商界的观念转变，越来越多的上市公司倾向于用股权激励的方式来吸引和留住核心人才，避免管理层的短期行为，激发员工的工作热情。虽然实施股权激励方案的上市公司总体上还不多，但已经覆盖了多个行业，其中以制造业和信息技术行业的上市公司居多。

**（2）股票期权和限制性股票为首选激励模式**

我国上市公司施行股权激励必须经过证监会无异议备案。这使得上市公司可选择的股权激励模式比较有限。就目前而言，我国市场上主要使用股票期权、限制性股票、股票增值权，以及多种激励模式结合的复合型激励模式。由于法律和政策的支持力度较大，以股票期权和限制性股票两种模式最为常用。

**（3）民企更为普及，国企迅速发展**

民营上市公司在实施股权激励的企业中的比例高达80%以上，比国企活跃得多。但随着国企的混合所有制改革不断推进，加上国家出台新的法律政策，国企的股权激励也开始迅速发展。

**（4）激励方案推高了公司股票价格**

大多数实施股权激励计划的上市公司，其股票都在方案公告日有不同程度的涨幅。因为股权激励计划的实施让管理层与公司发展前景的联系更为紧密，给了投资者较大的想象空间。

### 2. 上市公司实施股权激励的难点

实施股权激励能给上市公司带来很多好处，但在实践中还存在一些难点，导致股权激励效果大打折扣，激励约束也不尽如人意。上市公司实施股权激励计划的难度主要有：

**（1）缺少足够的法律保障**

《公司法》和《证券法》这两部根本大法对股权激励还缺乏明确的法律规定。《公司法》只是提到了企业高级管理人员的报酬事项，而且董事、监事的报酬事项由公司股东大会来决定。至于经理、副总经理、财务负责人的报酬事项是由董事会决定的。这些企业管理制度与股权激励的审批程序并不是完全一致的。股权激励高度依赖法治社会，这方面的立法需求会日益增加。

（2）证券市场不成熟

我国证券市场的有效性由于多种原因一直较低，主要表现为股票价格不能完全反映股票本身的价值，股价和业绩不对称的现象屡屡发生。股市低迷时往往会长期低迷，股市走强时又会让不理智的投资者一拥而上。这导致我国股市的波动很大。绩优股上市公司的股票获利很少，甚至不能获利，经营不善的亏损公司的股权激励对象却能在行权时获得丰厚的收益，完全违背了股权激励计划的最初目标。这些怪象都是证券市场发育不够成熟的表现。不少上市公司因此中止或撤销了股权激励计划。

（3）期权或者获授股票的流动性问题

很多公司的股权激励计划不够完善，没有充分解决期权或者获授股票的流动性问题。当激励对象任期届满、调离、退休，或者被辞退时，如何兑现他们在公司的股份？是由继任者购买，还是由已经离开的激励对象继续持股分红？假如是由继任者购买，能否按原价购股，退出的期股价格又该怎样评估？这些都应该有明确而详细的规定。

（4）缺少配套的财务制度

《股权激励有关事项备忘录3号》规定：

“二、股权激励会计处理

上市公司应根据股权激励计划设定的条件，采用恰当的估值技术，分别计算各期期权的单位公允价值；在每个资产负债表日，根据最新取得的可行权人数变动、业绩指标完成情况等后续信息，修正预计可行权的股票期权数量，并以此为依据确认各期应分摊的费用。

上市公司应在股权激励计划中明确说明股权激励会计处理方法，测算并列明实施股权激励计划对各期业绩的影响。”

这是目前对上市公司股权激励计划的会计处理和财务管理规定比较明确的法律，但显然还满足不了我国上市公司的发展需要。上市公司应该有相应的配套制度来对股权激励进行财务管理。比如，现行会计准则规定股权计入薪酬费用，冲减公司利润，导致部分公司确认的股权激励费用占了公司净利润的很大比重。高额的股权激励费用可能会降低企业当年的净利润，让激励对象无法满足行权条件。这需要财政部、证监会等相关部门协商出一个规范的会计处理准则。

（5）税收政策的影响

个人所得税和企业所得税会对股权激励效果产生较大的影响。现行的个人所得税法规定股权激励的纳税时点为行权日，但在实际操作中，激励收益和税基未必匹配，可能迫使激励对象借钱行权或立即抛售股票来缴税。股权激励原本追求的是长期激励效果，但这些短期行为违背了这个目标。企业所得税的某些规定导致税前抵扣集中发生在行权年度，不符合费用的配比原则。总之，缺乏配套的税收政策会降低股权激励计划的实际功效。

（6）企业治理结构不完善

股权激励行权价格制定不合理，股权激励行权单一且很多综合指标在激励方案中形同虚设。公司管理者同时是董事会主要领导，利用决策机制为自己获取不合理的股权比例。缺乏独立的薪酬委员会，或者薪酬委员会缺乏独立性和公正性。监事会被内部人控制，不能有效履行检查监督职能。这些都是企业治理结构不完善的表现。

（7）经营业绩评价体系不够完善

上市公司经营业绩评价体系应该如何实现，考核标准和考核办法如何建立，都关系到股权激励方案的合理性与可行性。不少企业在这方面还存在薄弱环节，制约了股权激励计划的执行效果。

## 非上市公司股权激励的基本思路

股权激励并不是上市公司的专利，非上市公司同样可以以此来解决吸引人才和留住人才的问题。非上市公司实施股权激励计划可以缓解薪酬压力，降低职业经理人的“道德风险”，激发员工的工作积极性。但要实现这些意图，还需要考虑以下问题。

### 1. 非上市公司落实股权激励的困难

就目前而言，非上市公司在实施股权激励计划时会遇到很多特定的困难。其中最主要的是以下6个困难：

**（1）绩效评价标准分歧多**

制定合理的绩效评价标准是实施股权激励计划的基础。上市公司在一定程度上可以通过股票市场价格来反映公司的经营状况。特别是在成熟规范的资本市场中，股票市场价格能为公司的绩效评价标准提供重要的参考指标。

但非上市公司无法把股票市场价格作为衡量指标，稍有不慎就会让激励对象怀疑公司的绩效考核不规范、不公平、不合理。这样肯定会破坏股权激励的效果。该怎样确定一个科学合理的公司绩效考核体系，对于那些希望利用股权激励来提升业绩、留住关键人才的非上市公司是一个很有挑战性的问题。

（2）行权价格混乱

上市公司的行权价是以期权协议签订时本公司股票的市场价格为基础的。非上市公司的股权激励行权价却没有相应的股票市场价格来做定价基础。这使得非上市公司的股权激励计划常常出现行权价格混乱的现象。

我国非上市公司目前是以每股净资产为制定行权价和出售价的主要参考依据。但这种定价方法过于简单，缺乏足够的客观性、公正性和准确性。这对非上市公司的股权激励计划无疑是个坏消息。

（3）持股结构不平衡

每当公司进行股权激励的时候，必然会涉及现有利益格局的重新调整，会动很多人的“蛋糕”。公司打算用多少股份来进行股权激励？公司不同岗位的管理人员、技术人员和普通员工的具体股权激励数量分别是多少？不同级别、不同岗位员工的持股比例是多少？公司预留了多少股份用于后期激励？

说来说去，无非就是想要一个更加合理而有效的持股结构。但不少非上市公司因为不合理的持股结构而丧失了控制权，引发了公司内部的恶性竞争。为此，我们在设计公司股权结构时，必须慎之又慎。

（4）行权时间和行权条件设置混乱

行权是整个股权激励计划的核心环节。行权时间和行权条件的设置，决定了公司能否保证所有股权顺利变现，激励对象能否拿到让自己满意的股权收益。

但是，不少非上市公司在行权时间和行权条件的设置上颇为混乱。一不小心就出现大量股票同时要求兑现的情况，给公司造成了沉重的财务压力和巨大的支付风险。

所以，我们应该认真考虑，整个股权激励计划的时间是几年？行权期总共分为几个阶段？首次行权是在什么时候？每次行权要变现的股份的比例是多少？行权的条件是什么？把行权时间和行权条件规范化，股权激励计划才能走上正轨。

（5）股东进退机制混乱

公司管理层是股权激励计划的主要激励对象，但管理层的人员结构不可能一成不变。老员工离开公司，新员工加入公司，是十分常见的现象。

股权激励的初衷就是让公司需要的关键人才继续留下来为公司的长远目标效力。但在实践中不一定总是尽如人意。对于非上市公司来说，股东退出会把很多问题搞复杂。

（6）员工和公司互不信任

上市公司按规定要定期公布公司的财务信息，以便公众了解公司的经营情况，考虑是否进行投资。非上市公司通常不会从外部聘请审计机构来审计自己的财务报表。这样员工就会怀疑公司的财务报表不真实、不可靠。当股权激励计划缺乏令人信服的权威性时，是起不到真正的激励作用的。

非上市公司需要设法建立一个完善的财务信息披露机制，建立员工和公司之间的相互信任关系。既能让员工获得一些必要的数据，相信股权激励计划的真实性，又能避免公司商业机密外泄。

### 2. 非上市公司股权激励方案设计要点

非上市公司在设计股权激励方案时，应该注意以下4点：

（1）激励对象受限较多

《公司法》规定，有限责任公司由50个以下股东出资成立。如果有限责任公司实施股权激励，其股东不能超过50人。这限制了非上市公司激励更多的激励对象。为此，不少非上市公司选择间接持股方式，不让员工直接以股东身份持股，而是通过职工持股会、工会、自然人代持的方式解决。

（2）选择激励方式

非上市公司的股票不能上市，价格容易变化，流通不便。激励对象在股票上市前无法通过股价升值受益。非上市公司可以结合自己的状况，运用两种或两种以上的股权激励模式。

（3）股权定价易分歧

由于非上市公司的股票不能上市流通，没有市场价格作为基础的定价参考。其股票定价往往由内部股东大会决定，透明度较低，定价的操作性较弱。公司和激励对象容易产生分歧。为此，非上市公司可以委托专业中介机构，根据公司各项财务指标来确定股票价格。

（4）股权激励的会计处理

股权激励计划按照股权的支付方式，可以分为两种：以权益结算的股份支付和以现金结算的股权自服务。《企业会计准则》对着两种股份自服务方式的各个环节做了明确的会计处理。

## 新三板公司股权激励的设计要点

2006年1月16日，中国证监会正式批准中关村科技园非上市股份公司进入2001年设置的“代办股份转让系统”（即“老三板”）进行股份报价转让试点。2012年7月8日，国务院批准设立全国中小企业股份转让系统，这就是“新三板”。新三板公司指的是进入全国中小企业股份转让系统挂牌交易的非上市股份有限公司。

### 1. 新三板公司股权激励发展现状

新三板公司的挂牌条件比较严格。根据《全国中小企业股份转让系统业务规则（试行）》第二章规定：

“股份有限公司申请股票在全国股份转让系统挂牌，不受股东所有制性质的限制，不限于高新技术企业，应当符合下列条件：

（一）依法设立且存续满两年。有限责任公司按原账面净资产值折股整体变更为股份有限公司的，存续时间可以从有限责任公司成立之日起计算；

（二）业务明确，具有持续经营能力；

（三）公司治理机制健全，合法规范经营；

（四）股权明晰，股票发行和转让行为合法合规；

（五）主办券商推荐并持续督导；

（六）全国股份转让系统公司要求的其他条件。”

80%以上的新三板挂牌企业集中在信息技术等高科技领域，多为处于初创期的中小型企业。这些高科技行业的企业竞争激烈，人才流动频繁，股权结构比较单一，通常存在一股独大的现象。掌握优秀人才是新三板公司赢得竞争的关键，实施股权激励十分必要。新三板公司目前采用最多的股权激励模式是限制性股票，其次是股票期权，也有部分企业同时运用这两种激励模式，其他的激励模式较少实施。

### 2. 新三板公司股权激励的要点

我们在设计新三板公司股权激励计划时应注意以下问题：

**（1）常规股权激励**

成长性较好的新三板公司可以使用股票期权或限制性股票等常规股权激励模式。在操作过程中需要注意以下几点：

- 政策限制少但要考虑相关规定

新三板公司在使用股票期权和限制性股票时没有相关政策限制，在设定激励对象、激励数量、股权授予时间、股份资金来源、业绩考核时更为灵活。但要考虑后面将要提到的新三板公司新股定向增发的一般规定。

- 定价时要综合考虑各方利益

做市商企业的权益定价可以按照做市商的报价来进行。其他挂牌企业仍以协议定价的方式确定权益工具的价格。但在定价的过程中，新三板公司需要综合考虑对各方利益的影响。

- 注意控制风险

挂牌公司在公告股权激励计划的同时最好能让独立第三方财务顾问出具财务顾问报告，公司独立董事出具对激励计划的意见，公司律师针对激励计划的合法性出具法律意见书。

- 聘请第三方机构做价值评估

新三板公司公告规范股权激励计划之前，应该聘请独立第三方机构对权益的公允价值进行评估，并将评估截稿报送新三板。

- 可在挂牌前实施规范股权激励计划

新三板公司允许拟挂牌企业携带期权等未来或有权益挂牌，也就是说新三板允许企业在挂牌前就实施股票期权等规范股权激励计划。

**（2）新股定向增发**

向内部员工定向发行新股是新三板公司目前使用最多的股权激励方式。此法操作简单，没有业绩考核的强制性要求，故而很受欢迎，但必须遵循4条一般规定。

- 员工直接持股的限制

当采用员工直接持股的方式时，新股定向增发的激励范围有限制。定向增发对象中的公司董事、监事、高级管理人员、核心员工，以及符合投资者适当性管理规定的自然人投资者、法人投资者以及其他经济组织，合计不得超过35人。

● 限售要求

新三板公司定向增发的股票没有限售要求，股东可以随时转发股份。但是，公司董事、监事、高级管理人员所持新增股份依然需要根据《公司法》的规定来限售。

● 股东人数相关规定

如果是股东超过200人或者发行后股东超过200人的新三板公司，需要定向发行新股。假如公司股东在增发前后超过200人时，本次的新股发行必须按照证监会备案程序向证监会申请核准。如果公司股东少于200人就只需新三板自律管理。

● 间接持股

持牌公司为了规避激励员工35人以下的数量限制和股东超过200人时增加的报批流程，可以考虑使用持股平台间接持股的方式来定向增发新股。持股平台必须满足挂牌企业合格投资者的两个要求：

（一）注册资本500万人民币以上的法人机构；

（二）实缴出资总额500万元以上的合伙企业。

**（3）创新激励**

新三板公司也是一种非上市公司，可以采取非上市公司的激励法。尤其是对那些盈利能力尚显不足的新三板公司，采用增量奖股、虚拟股份、奖励基金等激励模式的激励力度更大。

## 股权激励计划文件起草、审核及披露

股权激励计划方案及其配套制度最终必须形成书面文件，明确规定激励计划的实施方式、激励对象的考核方式、相关权责及行使权利的条件。这样才能做到有法可依、有章可循。通常而言，这些文件的起草工作是由公司董事会下属的股权激励委员会或者董事会聘请的咨询机构来完成的。

### 1. 起草股权激励制度涉及的书面文件

完整的股权激励制度包括以下文件：

| 文件名称 | 是否齐备 |
| --- | --- |
| 1.《公司股权激励计划方案》 | |
| 2.《公司股权激励计划绩效考核办法》 | |
| 3.《公司章程修改建议书》 | |
| 4.《公司治理结构调查问卷》 | |
| 5.《公司治理结构完善建议书》 | |
| 6.《公司薪酬制度完善建议书》 | |

（续表）

| 文件名称 | 是否齐备 |
| --- | --- |
| 7.《股权激励合同》 | |
| 8.《股权激励证明范本》 | |
| 9.《股权激励相关时间安排》 | |
| 10.《股权激励股东大会决议》 | |
| 11.《股权激励董事会决议》 | |
| 12.《股权激励授予协议》 | |
| 13.《股权激励对象承诺书》 | |
| 14.《股权激励对象绩效考核结果报告书》 | |
| 15.《股权激励对象行权或者解锁申请书》 | |
| 16.《股权激励对象行权或者解锁批准书》 | |
| 17.《股权激励对象劳动合同完善建议书》 | |
| 18.《股权激励对象同业竞争限制协议书》 | |
| 19.《股权激励计划法律意见书》 | |
| 20.《股权激励计划独立财务顾问意见书》 | |

其中最主要的文件是《公司股权激励计划方案》《公司股权激励计划绩效考核办法》《股权激励授予协议》《股权激励对象承诺书》以及《股权激励计划法律意见书》。

《公司股权激励计划方案》是股权激励计划的核心内容。

《公司股权激励计划绩效考核办法》是评判激励对象是否具备获得股权及行权资格的标准，应由董事会下属的股权激励专门委员会与公司人力资源部共同起草。

《股权激励授予协议》是激励对象获得激励标的的法律依据，也是协议各方权利义务的具体约定。

企业通常会要求激励对象签署《股权激励对象承诺书》，以书面形式明确激励对象应当承担的义务和责任。

《股权激励计划法律意见书》是必备的法律文件，上市公司实施股权激励计划申请证监会备案和股东大会审议都要用，非上市公司也要以此确定股权激励计划的合法性。

### 2. 上市公司股权激励计划文件的提交及审核流程

股权激励计划相关文件在起草完成后，要提交公司权力机构和证监会审核，通过审核后才能生效。文件的提交及审核流程主要包括以下9个步骤：

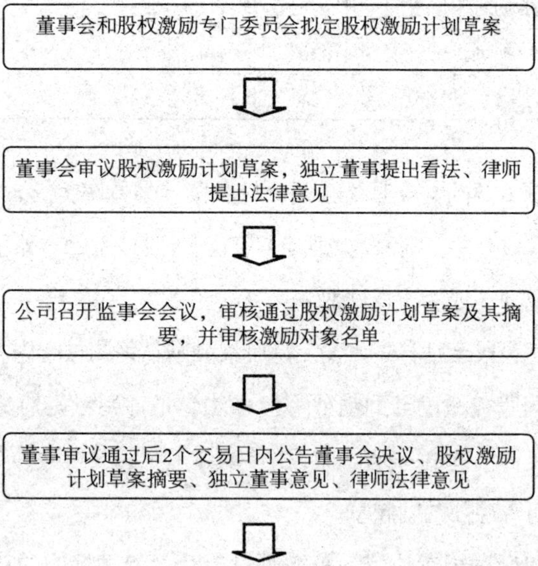

董事会和股权激励专门委员会拟定股权激励计划草案

↓

董事会审议股权激励计划草案，独立董事提出看法、律师提出法律意见

↓

公司召开监事会会议，审核通过股权激励计划草案及其摘要，并审核激励对象名单

↓

董事审议通过后2个交易日内公告董事会决议、股权激励计划草案摘要、独立董事意见、律师法律意见

↓

把股权激励计划有关资料报中国证监会备案，同时抄报证券交易所及当地证监局

如果中国证监会自收到完整的股权激励计划备案申请资料之日起20个工作日内未提出异议，公司董事会发通知召开股东大会，审议并实施股权激励计划，公告法律意见书

独立董事就本次股权激励计划向所有的股东征集委托投票权

公司召开股东大会审议股权激励计划，监事会向股东大会说明关于激励对象名单的核实情况，股东大会对股权激励计划的相关内容逐项进行表决
（每项内容均需出席会议的股东所持表决权2/3以上通过）

股权激励计划经股东大会审议通过后生效

当股权激励计划生效后，董事会、股权激励专门委员会以及相关部门即可执行该计划。在进行上述流程时，关联董事应该回避董事会表决，必要时可聘请独立财务顾问对方案发表意见。当激励对象为董事、高级管理人员时，必须披露其姓名、职务、获授股权数量。其他激励对象则须通过证券交易所网站披露其姓名、职务。

### 3. 非上市公司股权激励计划文件的提交及审核流程

非上市公司股权激励计划文件的提交及审核流程主要包括以下6个步骤：

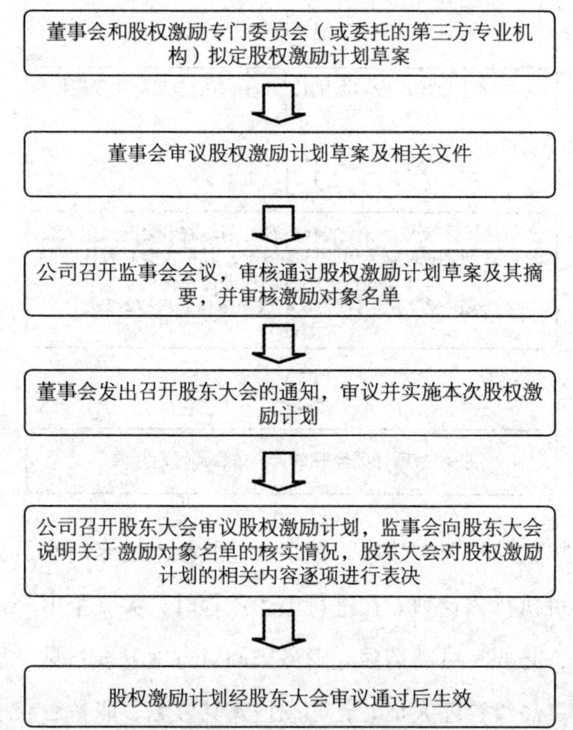


非上市公司的股权激励计划方案提交及审核流程比上市公司简化一些，但可选的股权激励模式更灵活，不同模式的效果各异。为此，非上市公司的股权激励计划文件应该注意解释说明所选股权激励

模式的特点，让全体股东和董事会成员充分了解情况。

### 4. 信息披露

股权激励计划关系到公司的未来发展与股东的切身利益，还会对公司的股本结构和股价造成影响。因此，公司应该及时披露股权激励计划在不同阶段的实施状况。

《上市公司股权激励管理办法》第四十二条规定："上市公司应在定期报告中披露报告期内股权激励计划的实施情况，包括：

（一）报告期内激励对象的范围；

（二）报告期内授出、行使和失效的权益总额；

（三）至报告期末累计已授出但尚未行使的权益总额；

（四）报告期内授予价格与行权价格历次调整的情况以及经调整后的最新授予价格与行权价格；

（五）董事、监事、高级管理人员各自的姓名、职务以及在报告期内历次获授和行使权益的情况；

（六）因激励对象行权所引起的股本变动情况；

（七）股权激励的会计处理方法。"

此外，《全国中小企业股份转让系统挂牌公司信息披露细则》第二十二条规定："挂牌公司应当按照全国股转公司有关规定编制并披露临时报告。全国股转公司制定临时报告相关规则，对重大事件的标准有差异化规定的，挂牌公司应当遵守相关规定。"

当以下情形出现时，公司应及时履行首次披露义务：

（1）董事会或者监事会作出决议时。

（2）签署意向书或协议（无论是否附加条件或期限）时。

（3）公司（含任一董事、监事或者高级管理人员）知悉或者理应知悉重大事件发生时。

（4）对挂牌公司股票转让价格可能产生较大影响的重大事件正处于筹划阶段，但该事件难以保密。

（5）该事件已经泄露或者市场出现有关该事件的传闻。

（6）公司股票及其衍生品种交易已发生异常波动。

## 因地制宜的股权激励策略

通常来说，企业一般会经历初创期、规范期、扩张期、成熟期、稳定期等发展阶段。每个大企业都是由中小企业发展而成的。换言之，那些能挺过前几个阶段的中小企业都有望进化成大企业。在不同的发展阶段，企业都可以使用股权激励，但选择的策略必然有差异。

### 1. 初创期——进攻型股权激励策略

初创期的企业刚成立不久，公司年产值一般会在200万元以下。企业本阶段的特点是：所有权和经营权没有完全分离，老板既是企业所有者也是经营者，资源和资本都十分匮乏，公司随时可能倒闭。这时候就需要一支执行力强大的团队来帮公司渡过起步阶段的难关。由于公司当前的财务状况不足以向创业伙伴支付高薪，进攻型股权激励策略就成了吸引人才、留住人才的主要手段。

此时的公司尚未在市场站稳脚跟，股权能否真正带来收益，还是个未知数。这就需要公司全体人员长期共同奋斗、积极进取，一起把蛋糕做大。公司效益越好，持股员工获得的股权收益就越多。这是一个正反馈的良性循环。

实施进攻型股权激励政策时要注意，对不同的人才给予不同的股权激励力度，而不可靠平均主义。适度地拉开差距，才能形成你追我赶的局面。

### 2. 规范期——管理型股权激励策略

本阶段的企业在市场中站稳了脚跟，正在走向规范化，公司的高层和中层初具雏形，老板把权力逐步下放。公司不但要提高市场占有率，还要完善治理结构。由于企业发展速度加快，公司成员在规范期会很快出现分化。有些员工脱颖而出，成为公司某个方面的骨干。有些员工虽然努力，但还是无法适应企业的发展节奏。后一种老员工是创业元老，对公司颇有贡献，但也成为公司的包袱。

部分企业所有者会毫不留情地舍弃能力短板明显的老员工。这个做法并不明智。规范期的企业不仅需要完善规章制度、优化团队结构，还要加强企业文化建设。创业老员工普遍对公司的感情比较深，忠诚度往往高于能力很强但资历尚浅的新员工，可以在企业文化建设上继续发挥余热。

管理型股权激励策略就是针对这种情况设定的。公司通过实施限制性的股权激励计划，把激励对象进一步细分为技术、销售、生产、管理等骨干人员。对符合激励条件但能力不同的新老员工，都要合理授予股权，扩宽股权激励的受益群体，促进管理制度和企业文化的全面建设。

### 3. 扩张期——防御型股权激励策略

公司处于高速发展状态，各部门的运作也日益成熟。原有的股权激励计划培养出了一批优秀员工，其中不乏富有管理才能的管理人才。这批新兴的管理人才将获得更多管理职权，负责主持各部门的工作。他们既掌握着企业的经营权，又握有一定的股份，容易跟其他不掌握经营权的股东因信息不对称而引发矛盾。这就需要防御型股权激励策略来完善公司的治理结构。

防御型股权激励策略要求企业在激励员工的同时也注意保护自身利益不受威胁。让激励对象相信企业不会亏待自己，意识到自己的努力能获得丰厚的回报。与此同时，防御型股权激励策略也是在保护公司创始人的利益，避免那些持股员工变成“坐吃等死”的懒人，或者把股权激励当作跳槽的垫脚石。创始人控股在1/3以上，确保了对公司重大事件的否决权。这样就能保持公司稳定扩张，而不被目光短浅的部分大股东瓜分渔利。

### 4. 成熟期——公众型股权激励策略

此时的企业已经是成熟的品牌，有一套比较完善的管理制度，实力和资金都很雄厚，可以考虑走挂牌上市的道路。公众型股权激励策略是本阶段的指导思想。公众股可以分为公司职工股和社会公众股。公司职工股是员工在本公司公开向社会发行股票时按照发行价格认购的股份。社会公众股是股份公司采用募集设立方式向社会公众（非公司内部员工）募集的股份。

公众型股权激励策略便于公司筹措新的资本，增加现有股东的流动性，让投资变得多元化，增强公司股权资本融资的灵活性，改善公司形象。不过，公众型股权激励策略要求公司做到财务公开，市场压力可能导致经营者的短期经营行为，有支付股利的压力，稀释了所有权收益，而且公众持股的费用一般占发行总额的6%～13%。

### 5. 稳定期——持续型股权激励策略

企业在本阶段已经开始产业化和资本化运作，并进入了公众治理的层面，公司股权结构更为复杂。由于企业发展稳定，本阶段的股权激励行权时间跨度也会延长，股权激励计划更注意长期性。持续型股权激励策略就是针对这种需要设定的。其施展要点是“放权让利”，放开经营管理权，让利于公司的业绩与利润额，以此追求企业、股东、管理人才、技术人才、普通员工的共同富裕。

以上5种股权激励策略，都有明确的针对性，对应了企业的不同发展阶段。假如把本该在其他阶段实施的股权激励策略用在了当前阶段，公司的运营管理肯定会出现混乱，股权激励计划也形同虚设，起不到应有的效果。这就需要我们准确把握企业当前的发展状态，选择合理的股权激励策略。

# 第七章

## 跳出股权激励的各种陷阱

在落实股权激励计划的过程中，有很多陷阱会让公司运营者遭遇风险。这并不是股权激励本身错了，而是我们没有正确处理股权激励所包含的复杂的利益关系。从根本上说，股权激励计划是一种利益杠杆，通过调整利益分配方式来达到激励作用。利益分配不合理，自然会妨碍公司的正常运作。为了更好地运用股权激励，本章将讲解公司运营者在进行股权激励时应当注意的问题。

## 股权激励的七个风险

随着我国市场经济和现代企业制度日益走向成熟，股权激励将会在更多企业中推广。但是，我们既要看到股权激励之利，又要熟悉其潜在的风险。企业在设计激励方案时，必须留意以下七个潜在风险：

### 风险一：激励力度不如竞争对手

股权激励的力度关系到激励效果。激励力度过高会增加企业运营成本，过低又起不到激励作用。怎样找到平衡值，是股权激励的重要课题。关键的一点是，激励力度应该超过竞争对手，至少要持平。

激励对象通过努力后达到了行权条件，却发现实际得到的股权并没有预期那么多，反而比竞争对手公司开出的待遇更低。这时候，激励对象很可能会选择跳槽。企业应该注意竞争对手的情况，设计出一套有竞争力的股权激励方案。

### 风险二：让员工觉得不公平

公平感对企业管理十分重要，在股权激励环节表现得尤为突出。股权激励绝不能搞平均主义，必须坚持奖励先进、鞭策落后的立场。但也不能让员工感到不公平，导致公司的公信力遭到质疑。

股权激励方案应该做到公开、公正、公平。考核标准和相关制度公开，绩效考核与行权监督公正。让贡献突出的人得到自己应得的利益，表现不达标的人也无话可说。只有这样才能让员工心服口服，真正发挥股权激励的作用。

**风险三：激励对象的道德风险**

股权激励的初衷是解决企业所有者与管理者之间的利益平衡问题。管理者为公司披肝沥胆，厥功甚伟，理应获得对应的奖励。当管理者获得股权后，也成了企业所有者的一员，跟公司的长远利益更加一致，更加关心公司的未来前途。

要实现这个目标的前提是，激励对象拥有较高的道德水平。通常而言，管理层既是股权激励计划的执行者，也是受益者。假如没有权责明确的规章制度约束，激励对象有可能为了一己私利而擅自从事高风险投资活动，甚至操控财务指标和股价。

为此，公司在制订股权激励计划时应该引入独立董事，董事会下设的股权激励专门委员会要加强对股权激励的监管。

**风险四：激励对象坐吃山空**

部分创业公司本想为老员工提供更好的保障，让他们对公司更加忠诚，但在施行丰厚的股权激励时没有建立配套的约束机制。于是，一些激励对象安于现状，只是坐享分红，而不再积极进取。如此一来，股权激励从激励手段沦为“懒人”的保护伞，完全违背了公司的初衷。随着“懒人”的增加，公司上下都会变得毫无干劲，从而导致业绩滑坡。

**风险五：沦为套现工具**

股权激励的效果受到行权条件的直接影响。如果行权条件要求过高，激励对象费了九牛二虎之力才勉强达到，就不会产生太好的激励效果。与之相反的错误是行权条件要求过低，让激励对象不费吹灰之力就能轻松获得股权。他们的注意力将从努力工作转变为努力套现，只想着增加个人收益，损害公司和其他股东的利益。

**风险六：增加财务成本**

实施股权激励计划时必须充分考虑公司当前的资金状况。假如短期内的激励幅度太大，公司的资金周转就会变得紧张，财务收益减少，甚至因业绩下滑而亏损。这对急需融资的企业来说是很不利的。为此，我们在制订股权激励计划的时候，要仔细考虑激励成本对公司利润的影响，减少不必要的财务成本。

**风险七：影响上市和融资成功率**

对于正在准备上市的公司而言，股权变更往往会被特别关注。因为有些公司假借股权激励的名义在暗地里进行利益输送。还有的公司选择的激励对象经不起审计，不符合公司的利益。

这些情况都会影响公司上市的成功率和融资成功率。所以，我们在制订和实施股权激励计划时，必须聘请专业的法律顾问把关，确保每个股权激励相关文件合理合法，避免一切不规范的做法。这样才能确保公司上市成功，融资顺利，健康发展。

上述七个风险只要小心防范就能避免。我们在施行股权激励计划之前，应该对照这些问题进行检查，力争把隐患扼杀在萌芽状态。唯有如此，股权激励才能真正帮助企业和激励对象实现双赢。

## 股权激励的九个误区

股权激励是很好的激励工具，可以让高级管理者、技术骨干等激励对象的目标追求与公司发展目标结合在一起。但是，如果不恰当地使用股权激励，就会导致相反的效果。要想真正实现股权激励的目标，就必须统筹全局、周密考虑。因此，我们在制订股权激励计划时要注意九个常见误区。

**误区一：把股权激励等同于股票期权激励**

由于上市公司通常主要采用股票期权的激励模式，不少非上市公司、新三板公司也下意识地把股权激励等同于股票期权激励。我国证监会颁布最新版《上市公司股权激励管理办法》自2016年8月13日起施行，里面只对股票期权和限制性股票做出明确的规定。

因此，我国大多数上市公司往往是从两者中选一个来用。股票期权是应用最为广泛的模式，但并非唯一的模式。公司完全可以根据自己的具体情况来选择不同的激励方法。

**误区二：以为股票期权计划适用于一切行业**

股票期权不是万能灵药，企业需要满足一定的条件才能用好这种股权激励模式。股票期权激励效果明显的公司通常有以下3个特征：

- 公司处于竞争性行业，需要求变、求新才能在市场中生存。
- 公司有较好的发展潜力，市场前景广阔。
- 公司制度完善、产权清晰、内部权责分明。

符合上述条件的企业主要分布在互联网、高新技术、化工、生物制药、家电、通信等竞争激烈且具有良好成长性的行业。这些公司适合采取股票期权激励。而那些利润波动幅度大、市场已经饱和、尚未建立现代企业制度的公司，不适合采取股票期权激励。

**误区三：以为推行股权激励就能自动完善公司治理结构**

股权激励计划需要健全的公司治理结构做后盾，但它本身并不能让公司自动进化为规范的现代化企业。股权激励计划的起草、提交、审核、披露和执行需要公司股东大会、董事会、监事会、董事会下属的股权激励专门委员会分工协作。

但有些公司仅仅是形式上有这些机构，实际上管理十分混乱，公司产权不清晰，董事会的作用微乎其微，公司管理层的权力太大。这将使得作为激励对象的公司高层管理者出现在业绩账目上弄虚作假、以权谋私套利等腐败行为。这样一来，股权激励反而加速了公司的衰亡。

## 误区四：以为股权激励的成本不高

股权激励不像现金奖励那样看得见、摸得着，但也是有成本的，而且成本可能超乎许多企业经营者的想象。我国的上市公司还不像美国上市公司那样精通股权激励的操作，对其成本问题可能存在3个误解：

- 以为高层管理人员行权后获得的收益来自于在二级市场抛售股票，公司本身不承担成本和费用。
- 以为只有激励对象行权时才会产生费用，在行权等待期内不应把相关费用入账。
- 虽然知道股票期权会产生费用，但不知道在会计入账时该如何计算或分摊。

## 误区五：以为考核标准制定的越高越好

制定考核标准是设计股权激励方案的最大难点。股权激励对象主要是公司管理层，激励目标是促使他们更努力工作，提升公司的效益，让公司股票价值上涨，实现公司与个人的双赢。

但不合理的考核标准，非但起不到激励作用，还会挫伤激励对象的工作积极性。考核标准过低容易导致高级管理人员热衷于行权套现，而不是发展公司事业。但考核标准也不是越高越好。

从原则上说，公司设定的行权指标必须考虑自身业绩情况，实行股权激励后的业绩指标，包括每股收益、加权净资产收益率、净利润增长率等指标不低于历史水平。此外，公司还应该注意考核指标不低于同行业平均水平，在确保可行性的前提下更好地发挥鞭策作用。

### 误区六：随意制定行权价格

行权价格的制定和更改过于随意，是我国企业股权激励的一个不良习惯。有些上市公司通过股票期权重新定价来增加短期收益，这对长远发展并非好事。从理论上说，必须改变行权价格的情况有：

- 公司股本变化，以及进行资产重组、合并、分离，或因经营亏损导致停牌、破产、解散而终止。

- 公司发生重大违法违规行为，经营不佳或经股东大会的特别决议而终止股票期权计划。

- 激励对象违反国家相关法律法规、公司的规章制度，或遇到不可抗力而导致股票期权计划加速或终止，或者经特别决议重新确定行权价格。

在现代企业中，股东们通过股东大会来判断股权激励方案（包括行权价格）是否符合自己的最大利益。假如确有重新定价的必要，上市公司必须将想法提交股东大会表决通过，否则不能随意更改。

### 误区七：对资本市场的有效性估计不足

我国的资本市场还有待完善，股票价格并不能反映公司的真实价值。这在很大程度上限制了股权激励的实际效果。很多投资者老想着在二级市场快速炒作一番就离开，对企业的长远发展漠不关心。部分公司经营者想通过操纵股价来获利，不去认真提高企业效益，把心思都用在了做假账欺骗股东上。我们在制订股权激励计划时，应当充分考虑所在地资本市场的发展水平。

### 误区八：没有认真检查职业经理人的信用

在健全的市场经济环境中，出现信用问题的职业经理人会被整个行业列入黑名单，职业生涯毁于一旦。我国的职业经理人市场供不应求，企业因急于用人而忽视对经理人的信用水平进行检查。由于《公司法》硬性规定董事、监事、高级管理人员在任期内只能每年部分抛售股票，有些企业高级管理人员会在公司股价被明显高估时辞职抛售股票，以求在股价回归正常水平之前最大限度地套现。这种缺乏事业心的投机行为，势必会影响公司的正常运营。

### 误区九：认为股权激励的效果不如完善薪酬制度

股权激励与薪酬制度有3个区别：

（1）两者的员工收入构成不同

员工的收入构成主要是工资、提成与奖金。企业通常会把获得奖金的条件抬高，减少符合条件的员工人数，让大部分员工“多干活少拿钱”。薪酬制度有与生俱来的博弈色彩，股权激励则是一种把企业价值和员工个人价值结合起来的利益共享机制。

（2）两者引发的劳资关系和管理特征不同

股权激励对象既是员工也是股东，个人利益与公司的长远利益是一致的，他们会像经营自己的家一样经营公司。薪酬制度下的员工有着明确的上下级隶属关系，主要是按照上司的命令行事，没有太多自主权。

（3）两者的监管机制不同

在股权激励制度下，互相监督和自我约束占主导地位。员工的自我管理能力较强，还能以股东的身份来监督公司高层。这就简化了监管机制，提高了监管水平。在薪酬制度下，员工主要受到上级监管，无法越级监督公司高层。公司规模越大，行政层级越多，监管力度就越差。

股权激励和薪酬制度并非对立关系，两者的共同目标是实现企业利益最大化。我们应该将两者结合起来，发挥各自的长处，为公司留住优秀的人才。

上述九个误区都会导致股权激励计划沦为一纸空文，无法有效执行，起不到激励作用。有的误区是股权激励方案的设计者错估了公司股权的收益水平，让激励对象的收益大大缩水。有的误区则是公司高层对股权激励本身的认识存在偏差，导致股权激励方案不规范、不合理、不可行。所以，我们在做股权激励方案时应该增强风险意识，注意规避误区。

## 不可失去对公司的控制权

家族式企业、合伙人企业在创业公司中占了大多数，当这些企业发展到一定程度时，必然要面临向现代公司治理结构转型的问题。实施股权激励制度，也是促进企业走向现代化的一项重要措施。但是在这个过程中，企业创始人面临着失去对公司的控制权的风险。

### 1. 股权激励可能引发的公司内部冲突

在我国上市公司里，公司股权结构高度集中是一种普遍现象。企业创始人往往是持有公司控制权的大股东。业界认为，股权高度集中使得大股东身兼两种角色：监督者和侵占者。

随着家族式企业、合伙人企业逐渐建立现代公司制度，企业创始人必然要把原先抓在手中的许多权力和事务下放到管理层，聘请若干职业经理人来充实重要岗位。在监督管理层的工作时，大股东扮演的是监督者角色。但股权激励计划实施后，作为激励对象的职业经理人也成了股东。股权激励的力度越大，职业经理人的所有权、表决权和分红权就越高。激励对象质疑和反对大股东的能力也越强。

管理层为了获得激励股票而努力改善公司的管理，提升公司的业绩。如果大股东做的决策阻碍了公司发展，管理层和大股东就会产生矛盾，存在争夺控制权的隐患。这时候，大股东扮演的是侵占者角色，利用自己的股权优势操控股东大会和董事会来打压管理层以及中小股东的意见。

如此一来，作为大股东的企业创始人与公司管理层、公司推行的股权激励计划就形成了错综复杂的关系。不少企业创始人担心大权旁落，于是干脆不推行股权激励。宁可关键人才被实施股权激励的竞争对手挖墙脚，也不愿改变股权过度集中的现状，阻断了公司的现代化转型之路。

### 2. 创始人控制权保护问题

现代企业的发展离不开引进外部投资者、聘请职业经理人、实施股权激励、上市或并购重组等经营活动。但在此过程中，企业创始人对公司的控制权必然会削弱。创始人权力过大会阻碍公司的现代化发展，但权力过小会导致自己被边缘化，甚至被排挤出局。国美控制权纠纷、万科股权纠纷都是惨痛的教训。想让股权激励真正发挥积极作用，就不能不考虑企业创始人控制权保护问题。

企业创始人不应该畏惧股权激励，而应该充分了解它，大胆而小心地使用它。我们应该重点关注股权结构、控制协议、公司的核心资源（包括专利技术、品牌商标、销售渠道等）、董事会席位、公司章程、人事安排等方面。运用系统思维来设计合理的股权激励方案，在确保自身控制权稳定的情况下，施行符合公司发展需要的股权激励方案。既要授权给真正为公司着想的关键人才，也要通过行权条件和绩效考核来约束他们的行为。

### 3. 保护公司控制权的措施

我们可以从以下几个方面加强对公司控制权的保护力度：

**（1）认真签订书面合同**

股权激励制度本身需要法律法规的保障，通过书面合同来明确约定双方的权利义务，对双方都是一件好事。需要注意的是，这个书面合同必须是股权激励合同，而不是劳动合同。对于激励对象来说，如果公司仅仅是公布股权激励方案、与自己做口头约定，或者拿劳动合同代替书面形式的股权激励合同，都是不对的。

此外，当股权激励计划涉及知识产权、专利技术、保密要求的时候，企业创始人应该跟激励对象签署知识产权许可协议、保密协议等补充协议，既能保障激励对象的合法权益，又能保护公司控制权。

**（2）处理好投资协议**

当公司开始融资或正在进行融资谈判时，企业创始人要注意以下几点：

- 向拟投资人披露股权激励计划。
- 核查当时签订的投资协议是否对股权激励比例有所限制。
- 核查投资协议是否对股权激励模式有所限制。
- 投资人通常会要求后一轮投资价格不低于前一轮，假如公司的股权激励采取定向增资模式，则增资的对价不得低于投资人的对价（投资协议另有规定的除外）。

当上述问题未能妥善处理时，投资人可以追究身为大股东的企业创始人的违约责任。

**（3）依法处理激励对象离职问题**

企业创始人在跟激励对象约定违约金时，不能违反《劳动合同法》的规定。在追究激励对象违约责任的时候，公司应该聘请专业律师来处理复杂多变的法律问题，而不能想当然地操作。

**（4）创始人股东应完全履行出资义务**

作为创始股东，企业创始人应该及时履行出资义务，否则会引发纠纷。如果公司在股权激励计划中授予的是实股，激励对象就成为公司股东。这时候，激励对象可能会以创始股东未缴足出资为由，主张追究创始股东的违约责任。为避免此类争议，企业创始人应该在正式实施股权激励计划之前弥补出资瑕疵。

## 平衡各级股东之间的利益

企业经营活动的核心目的是实现股东利益最大化。股权激励制度的初衷也是更好地维护全体股东的利益。通过把能有效提升公司业绩的关键人才纳入股权激励计划中，将其与公司长远利益捆绑在一起，借助其聪明才智来增加公司股票价值，最终实现共赢。可惜现实不尽如人意。不少公司在实施股权激励计划后，反而激化了各级股东的矛盾。

### 1. 股东之间的利益冲突

理论上，股权激励计划解决了企业所有权和经营权分离造成的某些问题，让股东、激励对象和公司三方共赢。但事实上，股权激励的股票大多源于现有股东的转让。假如他们认为股权激励计划的实施威胁自己的利益时，就会利用法律规定的保护来拒绝转让，导致股权激励计划流产。为此，国家出台了很多法律法规来调节企业股东之间的利益。

例如，《国有控股上市公司（境内）实施股权激励试行办法》

规定：

“第十三条　上市公司母公司（控股公司）的负责人在上市公司担任职务的，可参加股权激励计划，但只能参与一家上市公司的股权激励计划。

在股权授予日，任何持有上市公司5%以上有表决权的股份的人员，未经股东大会批准，不得参加股权激励计划。

第十四条　在股权激励计划有效期内授予的股权总量，应结合上市公司股本规模的大小和股权激励对象的范围、股权激励水平等因素，在0.1%~10%之间合理确定。但上市公司全部有效的股权激励计划所涉及的标的股票总数累计不得超过公司股本总额的10%。

上市公司首次实施股权激励计划授予的股权数量原则上应控制在上市公司股本总额的1%以内。

第十五条　上市公司任何一名激励对象通过全部有效的股权激励计划获授的本公司股权，累计不得超过公司股本总额的1%，经股东大会特别决议批准的除外。”

上述规定对股权激励的总量与单个激励对象获得的股权总额做出了一定的限制。《上市公司股权激励管理办法》《关于上市公司实施员工持股计划试点的指导意见》也有相关的条款。这些法律法规的立法宗旨都是避免公司的股权结构因激励力度过大而失衡，激化大股东与中小股东之间的矛盾。

### 2. 股权激励的五道防线

为了合理分配股权比例，我们应该明确股权激励的五道防线。

• 10%“存活线”。当某位股东拥有公司10%的股权时，就可以申请解散公司。

• 20%“竞争线”。当某位股东拥有公司20%的股权时，可以界定同业竞争权利。

• 三分之一“存在线”。当某位股东拥有公司三分之一的股权时，就获得了对重大事件的一票否决权。

• 51%“生存线”。当某位股东拥有公司51%的股权时，公司创始人就存在失去对公司的控制权的隐患。

• 三分之二“安全线”。当某位股东拥有公司三分之二的股权时，他就掌握了对公司的绝对控制权。

### 3. 平衡股东利益的基本思路

公司设计的股权激励方案应当保持股东之间的利益平衡。我们应该做到以下几点：

#### （1）行权条件合理化

激励对象掌握着公司经营权，股东掌握着控制权。很多股东都不参与公司的日常管理，只是通过财务报表等文件了解公司运营状况。所以，当激励对象因股权激励变为股东后，容易架空其他不担任实际职务的股东。为此，公司应该坚持大型人事变动和激励对象的选择、行权条件的设置、绩效考核的督查等公司大事必须经由股东大会表决通过。同时还要设置合理的行权条件，在确保激励力度的同时也要增加对激励对象的约束力。

**（2）保持股权激励专门委员会的独立性**

股权激励专门委员会是董事会的下属机构，独立负责整个股权激励计划的起草与实施工作。公司应该确保其独立性，不使其沦为管理层的附庸。

**（3）健全法律保障条款**

我国资本市场正在逐步完善，股权激励制度的应用也越来越普遍。健全与股权激励制度相关的法律法规是时代潮流。公司应该充分利用现行的法律法规来保障股东和激励对象的合法利益，规范股权激励实施过程中的各种行为。

## 关于职业经理人的风险管控

公司招聘的职业经理人通常具备丰富的专业知识和企业管理经验，能让公司的经营管理工作更加规范、高效、有序。企业所有者不仅为他们支付数量可观的高薪，还会设法令其更长久、更忠诚、更卖力地替公司效力。股权激励正是最重要的长期激励方案。

不过，职业经理人本身能力有强弱，品德有高低。如果忽略对职业经理人的风险管控，股权激励计划非但起不到激励作用，反而会给公司带来灭顶之灾。

### 1. 股权激励中的职业经理人风险

在实践中，因职业经理人引发的股权激励弊病主要有以下三种类型：

**（1）中饱私囊**

少数职业经理人在任期内收入大大增加，但公司的效益不升反降。这种损公肥私的行为完全违背了股权激励的初衷，反而把公司推下了火坑。

（2）辞职套现

职业经理人对公司的实际情况和发展前景了如指掌，也清楚公司股票价格的实际价值。当公司股价上涨到一个顶点时，部分品行不端的职业经理人考虑的不是公司的发展壮大，而是快速变现手中的股票收益。由于《公司法》限制了激励对象任职期内转让股票的比例，所以这些人会选择先辞职，再一次性抛售股票套现。这种短期行为在业界并不少见。

（3）股权纠纷

当股权激励方案不合理或者操作不规范时，可能会引发股权纠纷，导致职业经理人与公司反目成仇，对簿公堂。

### 2. 关于股权激励计划的监管与处罚的法律规定

《上市公司股权激励管理办法》第六章规定：

“第四十六条　上市公司的财务会计文件有虚假记载的，负有责任的激励对象自该财务会计文件公告之日起12个月内由股权激励计划所获得的全部利益应当返还给公司。

第四十七条　上市公司不符合本办法的规定实行股权激励计划的，中国证监会责令其改正，对公司及相关责任人依法予以处罚；在责令改正期间，中国证监会不受理该公司的申请文件。

第四十八条　上市公司未按照本办法及其他相关规定披露股权激励计划相关信息或者所披露的信息有虚假记载、误导性陈述或者重大遗漏的，中国证监会责令其改正，对公司及相关责任人依法予以处罚。

第四十九条　利用股权激励计划虚构业绩、操纵市场或者进行内幕交易，获取不正当利益的，中国证监会依法没收违法所得，对相关责任人员采取市场禁入等措施；构成犯罪的，移交司法机关依法查处。

第五十条 为上市公司股权激励计划出具意见的相关专业机构未履行勤勉尽责义务，所发表的专业意见存在虚假记载、误导性陈述或者重大遗漏的，中国证监会对相关专业机构及签字人员采取监管谈话、出具警示函、责令整改等措施，并移交相关专业机构主管部门处理；情节严重的，处以警告、罚款等处罚；构成证券违法行为的，依法追究法律责任。”

由此可知，证监会把激励对象弄虚作假套现股权收益的行径视为重点打击目标。这也为公司追究职业经理人在股权激励计划实施过程中的不法行为提供了重要的法律依据。

### 3. 防范职业经理人风险的制度保障

为了防范职业经理人风险，我们应该完善以下四项制度：

**（1）股东大会制度**

股东大会是现代企业的最高权力机构和决策机构，也是全体股东意志的体现。公司股东应当充分利用这项合法权利，对职业经理人进行监督和约束。具体做法如下：

- 利用投票权影响董事会，间接监督和激励职业经理人。
- 通过提出相关决议来对职业经理人实施股权激励。
- 机构投资者等外部股东介入股东大会，对董事会和职业经理人施加影响。

（2）董事会制度

董事会掌握着企业的人事权，可以聘用、选拔和解雇职业经理人，对职业经理人的影响最直接。董事会可以通过决策和监控来确保公司财务安全，以及各种规章制度的有效执行。此外，在董事会中占有一定比例的独立董事，是监督公司运营管理的一股重要力量。

（3）信息披露制度

信息披露制度的意义在于减少信息不对称。股东、董事会以及职业经理人三者之间的信息不对称，是职业经理人风险产生的主要诱因。信息披露制度需要定期披露以下信息：

- 损益表、资产负债表、现金流量表等财务报表组成的财务报告。
- 公司所有权和控制权相关信息。
- 董事与职业经理人的薪资。
- 公司治理结构报告。
- 其他对股东的价值以及职业经理人风险有驱动作用的信息。

（4）外部审计制度

公示必须聘请独立的第三方会计师事务所对职业经理人提供的年报进行审计，以确保财务信息真实可信。

我们只要在这些方面认真准备，并在招聘时慎重挑选德才兼备的职业经理人，就能有效管控职业经理人带来的风险。只有配套制度足够完善时，公司才能放心大胆实施股权激励计划，最大限度地发挥职业经理人的管理运营才能，让公司的业绩和品牌影响力达到新的高度。

# 后记

POSTSCRIPT

透过森罗万象的国内外股权激励理论和案例，最核心的内容都可以归为两个关键词，一个是“激励”，另一个是“控制权”。

作为激励制度，股权激励等于是用明天的钱留住今天的人。这笔钱能否进入激励对象的账户，取决于公司的发展状况。而公司的发展状况又取决于激励对象的汗水与智慧。为了拿到明天的钱，今天的人会努力把蛋糕做大，帮助公司股票升值，让自己能分到更多的红利。只要股权激励计划设置得科学合理，无论是对企业还是对个人，都能皆大欢喜。凡是目光长远的人才，都会更看重股权收益，而不是斤斤计较于现金奖励。

股权激励的另一面是“控制权”，即企业所有者和经营者在控制权上的博弈。

企业在初始阶段是所有权和经营权高度统一的形态，但随着组织的发展壮大，所有权和经营权的分离是大势所趋，经营权将不可避免地逐步转移到职业经理人身上。职业经理人、核心员工、技术骨干都是企业发展的支柱力量，公司应该激励他们，把他们变成“自己人”。但与此同时，原先的企业所有者不能丧失对公司的“控